Equilibrios de Excelencia

*Cómo lograr el equilibrio para alcanzar la excelencia
personal, profesional y organizacional*

Jorge Daniel Romo

Título: Equilibrios de excelencia

©2012 por Jorge Daniel Romo

ISBN: 978-1-291-22990-5

www.COVIRE.org

Las consecuencias de ser radicales

Se dice que la vida está llena de altas y bajas, de alegrías y tristezas, de blancos y negros; y es cierto, pero ¿Cuántas de esas subidas y bajadas fueron consecuencia de nuestra actitud? ¿Cuántas de esas alegrías y tristezas fueron provocadas por la forma en que nos comportamos con los demás y enfrentamos los eventos de nuestra vida?

Existen personas que viven en los extremos, son radicales en sus relaciones, condiciones y decisiones. Son de "sí o no"; de "o es blanco o es negro". Es como si transitaran por la vida con una moneda de "águila o sello".

Mi experiencia de vida me ha enseñado que las personas con posiciones radicales sufren mucho y complican la vida de quienes los rodean. La vida no es sólo una cuestión de "blancos o negros", es más bien en "escala de grises". Mejor aún: La vida es de colores.

Entender la vida desde la postura radical, es limitarse a la universalidad, a la diversidad, a la riqueza de tenerlo todo y conformarse sólo con las orillas.

Es por eso que en este trabajo comparto mi visión y experiencias en las que, al evitar caer en los extremos naturales de la convivencia con las personas y el desempeño profesional, he encontrado caminos coloridos y con enormes potenciales para alcanzar la excelencia. A este ejercicio de evitar caer en los extremos le llamo "estar en equilibrio".

Estar en equilibrio no es ser mediocre o "tibio"; por el contrario: significa alcanzar el máximo potencial sin caer en los excesos que provocan la apatía o la pasión desmedida. En la perspectiva de los equilibrios de excelencia, la mediocridad es un extremo que hay que evitar.

He elegido una serie de experiencias personales para ilustrar cada uno de los equilibrios, que por su impacto en mi vida, he denominado de *excelencia*. Esas experiencias giran en torno a mi vida familiar y laboral; al ejercicio de mi labor como consultor empresarial; como facilitador de procesos de aprendizaje, en personas y organizaciones; así como en mi papel de padre de familia.

Estar en Equilibrio no es algo sencillo. La verdad es que no podría considerarme un ejemplo a seguir por haber alcanzado el equilibrio en todos los aspectos de mi vida. Más bien soy un practicante que busca día a día mantenerse en equilibrio.

¿Qué es primero? ¿El líder o la cultura?

Hace años, el director de una gran empresa hizo este cuestionamiento. Lo hizo como parte de una reflexión del papel que los gerentes y mandos medios jugábamos en la cultura de la organización. Al final la conclusión fue que, si la cultura ya estaba creada, y era una cultura de excelencia, entonces ésta influiría en el líder. Pero si la cultura no era de excelencia, entonces el líder tendría que influir para la construcción de la cultura deseada.

En mi camino por diversas organizaciones, y mi relación con líderes de todo tipo; aún no he podido cortar el cordón umbilical entre el liderazgo y la cultura. Es, sin lugar a dudas, una diada que se nutre, refuerza y se mantiene en constante movimiento; uno afecta al otro y viceversa.

Es por eso que los equilibrios de excelencia aplican en lo individual para alcanzar el liderazgo que transforme a las organizaciones; pero también en lo general, de manera que la cultura de una organización alcance la excelencia, para su gente, para los accionistas o dueños; para sus proveedores y, por supuesto, para sus clientes.

¿Porqué equilibrios?

Todo en exceso, hasta la virtud, daña. Lograr el equilibrio es una tarea de tiempo completo. No sólo se trata de una frase de tipo metafórico, es un principio universal que aplica a todo organismo. El equilibrio es la antítesis del caos. Todo lo evidente y lo que somos, es resultado del equilibrio.

El equilibrio es lo normal, lo que se busca y desea alcanzar; es el resultante de fuerzas y energías que logran la convivencia. En la naturaleza esa resultante es maravillosa.

El ser humano encuentra la felicidad en el equilibrio. El equilibrio es el fin de todos los organismos vivos. Aquel que no está en equilibrio, se esfuerza; sufre; se encuentra en crisis. Por el contrario, el equilibrio genera estabilidad, tranquilidad y paz.

Imagina que la vida, tu trabajo y tus relaciones personales, familiares y laborales; están en la cuerda floja. Mantenerte en equilibrio significará que obtengas lo mejor de cada momento, de cada persona, de la vida en su conjunto. Si pierdes el equilibrio y te desbalanceas, ya sea hacia un lado o hacia el otro; provocará que caigas al vacío. Lo fuerte de la caída dependerá de qué tanto hayas crecido, cuánto hayas invertido y cuánto hayas arriesgado. Claro que podrás levantarte y volver a subir a la cuerda floja de tu vida; pero si mantienes el equilibrio evitarás caerte continuamente. Caer duele... mantener el equilibrio es más saludable.

Aclaraciones

1. No es mi intención ser radical respecto a los temas incluidos en cada equilibrio propuesto; sino compartir algunas experiencias y reflexiones que, en mi camino, he podido concluir como guías para mejorar mi propio desempeño y con ello influir en la cultura de las organizaciones que me han abierto sus puertas, mentes y corazones.
2. Las representaciones de los equilibrios mediante la *Campana de Gauss* o *Curva Normal*; se deben a su implicación estadística de la *normalidad*; así como también por mi origen "ingenieril". Sin embargo, su propósito no es establecerlos como modelos estadísticos; sino que sirvan como representación de las consecuencias de los extremos y de las ventajas de mantenerse en la zona de equilibrio; la cual es en donde el beneficio personal y profesional y el desempeño de excelencia es posible de alcanzar.
3. Las referencias a organizaciones, no se limitan a empresas o centros de trabajo; se refieren también al entorno familiar; ya que la familia se considera un organismo conformado por miembros que están regulados por normas y valores compartidos.

Espero sinceramente que este trabajo genere una reflexión profunda de tu forma de actuar y abra tu mente y sentidos para reconocer la cultura de tu entorno laboral; pero sobre todo, te provea de elementos para la mejora personal, familiar y profesional y que, por consecuencia, te permita contribuir a la excelencia, tanto de tu persona, como de la organización/familia a la que perteneces.

Jorge Daniel Romo

Diciembre 2012

Contenido

Las consecuencias de ser radicales 5

Libertad y Disciplina 13

Premio y Castigo 21

Soltar y Controlar 35

Confianza y Temor 45

Apatía y Pasión 61

Escuchar y Hablar 77

Pensar y Ejecutar 89

Cambiar y Permanecer 101

Líder Blando y Líder Duro 115

¿Por qué no Diez? 129

Libertad y Disciplina

La naturaleza de las normas, leyes, reglamentos y políticas en una organización; la cual puede ser tan básica como la familia o tan amplia como un país; tienen como objetivo fundamental la CONVIVENCIA positiva y productiva (*"bienvivencia"* como he dado en llamarla cuando imparto sesiones de capacitación).

Si bien es cierto que el método de la disciplina parte de establecer límites, y que éstos se pueden considerar como restricciones al "ser" de las personas; no quiero que pienses que mi intención es la de controlar todo y a todos. Por eso te pido que, por un momento, imagines un mundo sin límites:

Imagina el tránsito de una ciudad sin reglas, señales, límites de paso o de estacionamiento: caos.

Imagina una multitud sin orden, espacios, orientación, sentido del flujo: caos.

> *Imagina una organización sin reglas, sin objetivos, sin roles, sin orden, sin horarios, sin disciplina: caos.*
>
> *Imagina una familia sin respeto, sin espacios propios, sin responsabilidades, sin valores: caos.*
>
> **Un mundo sin límites sería el caos.**

Es por ello fundamental que en las organizaciones exista un sistema disciplinario claro, abierto, conocido, practicado y que, en caso de que no se cumpla, existan consecuencias para aquellos que decidieron no acatarlo… claro que será importante premiar o reconocer abiertamente el cumplimiento y la práctica del mismo.

Nada hay más aberrante que una organización con reglas que no se cumplen.

Recuerdo más de un par de organizaciones en las que "nunca pasaba nada; ni para bien, ni para mal". En ellas el ambiente organizacional era de "irla pasando"; había quienes asumían papeles dominantes, pero sin responsabilidad ni autoridad formal. Los jefes formales no se atrevían a ejercer su autoridad, se "hacían de la vista gorda". ¿Para qué enfrentar algo que podía ser "usado en su contra"? La *ley de la selva* era la premisa de esas organizaciones. Incluso aquellos que estaban en la pirámide organizacional "soportaban" la situación y hasta toleraban las pérdidas generadas por ese entorno. El abuso del poder (formal e informal), el acoso, el robo *hormiga* y hasta del tamaño de un *elefante;* eran parte del día a día.

La cultura (o incultura) se reflejaba en el pobre orden y lo sucio de las instalaciones y equipos. Basura por rincones, huecos y espacios no transitados. Grafiti en los baños, muebles y paredes. Los malos ejemplos eran los que triunfaban. Los buenos trabajadores, callados, invisibles; buscaban pasar desapercibidos y "librar" el día sin que nadie se metiera con ellos.

Claro que existía un reglamento interior, pero no se cumplía. Por supuesto que la normativa de la ley a nivel federal podría aplicarse; pero no se hacía.

> En una reunión con uno de los dueños y director de una de esas organizaciones, se planteó la necesidad de poner un alto al caos organizacional y empezar a aplicar el reglamento establecido años antes, sin concesiones, pero con justicia y previa capacitación. Su expresión no sólo era de preocupación, era de miedo verdadero. – ¡Me voy a quedar sin gente! –fue su expresión, la cual envolvía al mismo tiempo desesperación y un lastimoso grito de ayuda.
>
> Durante la reunión se tocaron las causas de la alta rotación (renuncia constante de los trabajadores) y al preguntarle a qué tipo de empresas se iban a laborar los *buenos* trabajadores que habían pasado por su organización, la respuesta fue contundente:

renunciaban para ingresar a empresas transnacionales, grandes y con sistemas disciplinarios sumamente estrictos. El sueldo y prestaciones, en muchos casos era equivalente, la diferencia fundamental era que en esas empresas había orden, limpieza, respeto; dicho de otra manera: reglas que se cumplían.

Para concluir con este caso, debo decir que la adopción de un sistema disciplinario que promueva la *bienvivencia* organizacional, debe iniciar con los directivos; es decir *en cascada*. El ejemplo es la herramienta de formación más poderosa y efectiva que una organización tiene para lograr que sus miembros cumplan con las normas, reglas y políticas. No fue fácil para el dueño-director de aquella empresa; pero tampoco imposible. El renunciar a las malas prácticas es un proceso doloroso que para algunos directivos y jefes es un "sacrificio" que en ocasiones no están dispuestos a realizar.

Por el bien de la organización, es decir que sea productiva, rentable, sustentable y permanezca por muchos años; ayudará significativamente la disposición de los jefes en general, a sujetarse al sistema disciplinario; que sean ejemplos de su cumplimiento fundamenta la autoridad moral de aplicar las acciones correctivas para aquellos que no las cumplen.

En el ambiente familiar la existencia de reglas bien definidas es fundamental para la convivencia positiva. Los miembros de la familia deben conocer con claridad los límites y las condiciones que prevalecen para estar bien y poder enfrentar las situaciones que afecten la *bienvivencia* en el seno de la familia.

En un hogar sin límites se vive el desorden, la falta de respeto, la agresión. No se trata de crear un entorno autoritario en donde se hace lo que los padres ordenan; sino de un entorno de convivencia que sea la base del respeto, el amor y la educación en valores para los hijos. De ello dependerá la forma en que enfrenten el mundo y se conviertan en adultos equilibrados.

El liderazgo se refuerza con la correcta aplicación del equilibrio entre la libertad y la disciplina.

En el modelo del equilibrio, se señalan los extremos de cada estilo o condición. El objetivo es representar las consecuencias de los extremos y las ventajas de mantenerse en la zona de equilibrio, la cual es en donde el beneficio y desempeño de excelencia es factible de alcanzar.

En el caso de la libertad; el extremo es el *CAOS*. Es la zona donde no hay límites ni restricciones. Si bien es poco probable encontrar una organización con estas características, la conciencia de las consecuencias de un exceso de libertad, debe ser suficientemente poderosa para que se comprenda la necesidad de generar un entorno de equilibrio con la disciplina.

En cambio, la disciplina llevada al extremo provoca parálisis. *NADIE* hace algo sin permiso o autorización. No hay espacio para la creatividad ni la innovación. Las respuestas de los miembros de la organización se limitan a *"sí señor, no señor"*.

El equilibrio entre la libertad y la disciplina se refleja en la *bienvivencia*. Los miembros de la organización conocen lo que se debe y lo que no se debe hacer. Existe respeto y se evitan los abusos, las reglas, normas y políticas son cumplidas por todos. Existen consecuencias, tanto por el cumplimiento, como por el incumplimiento. Reconocimiento por lo primero, acciones correctivas por lo segundo.

La excelencia en el equilibrio entre la libertad y la disciplina, se alcanza cuando los miembros de la organización se autoregulan; es decir, no solamente los jefes, los padres o las autoridades señalan el incumplimiento, cada persona es responsable de su conducta y actuación y, al mismo tiempo, un "vigilante" del cumplimiento de los demás. No hay tolerancia por el incumplimiento, ya que es evidente que tolerarlo implica aceptar que se haga lo que no se debe hacer y, por lo tanto, aceptar las consecuencias, cuando éstas lleguen... y existe la certeza de que llegarán.

Es difícil, pero es posible.

> En una empresa maquiladora con poco más de 3,000 trabajadores; el equipo directivo definió que NINGUNA persona podría ingresar a las instalaciones rentadas para un evento deportivo, si no portaba la identificación de la compañía. Las razones de seguridad eran claras para todos, ya que recientemente se había realizado un recorte de personal y, por ello, no se podía aceptar que ingresaran al evento personas que ya no pertenecían a la organización.
>
> El día del evento, la instrucción para el personal de vigilancia en los accesos, fue clara y contundente: *Nadie puede ingresar si no trae consigo su identificación de la compañía.*
>
> A medida que transcurría el evento, algunos trabajadores se presentaron sin la identificación y, tal como se había indicado, fueron invitados a regresar a casa por su identificación. Si bien algunos se molestaron y no regresaron, no hubo mayor problema para cumplir la regla de ingreso... hasta que llegó uno de los directores sin la identificación correspondiente. Las conocidas expresiones de *"¡¿Qué no sabes quién soy yo?!"*, entre otras que de seguro alguna vez has

escuchado, se repitieron durante poco más de quince minutos. Por supuesto que el director de Recursos Humanos fue llamado, tanto por el mismo director sin identificación, como por el personal de vigilancia para solicitar la autorización y hacer una excepción a la regla.

Para infortunio del director sin identificación, el Director General llegó a la puerta de ingreso antes que el director de Recursos Humanos. La respuesta a la situación fue suave, clara y contundente: -*Tú estabas cuando definimos la regla y estuviste de acuerdo; así que ahora cumple lo que acordamos. Además, yo traigo mi identificación ¿tú por qué no? Regresa a tu casa por ella y te esperamos para echarnos un partido-*.

Si bien el director sin identificación no regresó; el mensaje para TODA la organización fue también claro y contundente: Las reglas son para cumplirse y el que no las cumpla, sufrirá las consecuencias. Ese evento fue un poderoso mensaje de congruencia y equilibrio entre libertad y disciplina.

Premio y Castigo

Un aspecto crítico en la cultura de las organizaciones, tiene que ver con el sistema de reconocimiento del desempeño positivo; así como el de consecuencias ante el incumplimiento. Es común que el sistema se encuentre "desequilibrado" y que se castigue más de lo que se reconoce, provocando con esto un entorno de cautela, temor y, por consecuencia, pobre creatividad y proactividad.

Construir una cultura de reconocimiento, o de reforzamiento positivo, de las conductas, acciones y cumplimiento de las normas, políticas, valores y procedimientos de la organización; es una tarea ardua y que requiere tiempo, consistencia y congruencia entre lo escrito, lo dicho y lo hecho.

La situación descrita en el capítulo de Libertad y Disciplina, generó una molestia significativa en el director que fue impedido de ingresar al evento deportivo por no portar su identificación de la empresa. Debo admitir que, en lo personal, me preocupó la forma en que se comportaría el lunes que regresara a las actividades normales de la organización. Me preocupaba la forma en que se daría la interacción entre dicho director, el Director General y el vigilante que había impedido el ingreso. Si bien reconocía su capacidad técnica, experiencia y madurez; estaba seguro que la situación debía haberle generado una sensación de rechazo y que podía sentirse desvalorado en su autoridad e imagen ante la organización.

Los lunes se iniciaba la semana con una reunión del grupo directivo, así que, probablemente el evento del sábado, sería el primer punto de la agenda a tratar.

El lunes al llegar a la empresa, los primeros comentarios con el personal giraron alrededor de los acontecimientos, tanto deportivos, como el caso del director sin identificación. Ya se habían maximizado los hechos y agregado matices que daban un aire de "drama organizacional"; era un hecho que la organización estaba expectante de lo que iba a pasar tanto con el director sin identificación, como con el vigilante, quien para algunos era un prepotente agresivo; mientras que para otros, los menos, era un valiente que había cumplido con su trabajo.

En el grupo directivo el asunto estaba latente, pero ninguno lo mencionó abiertamente en el intercambio de comentarios previos al inicio formal de la reunión. Al arribo del Director General, quien como de costumbre saludaba de mano a todos en la sala y aprovechaba para hacer algún comentario positivo, ya sea de la persona, el trabajo o hasta de la familia de quien estrechara la mano.

Al tocar el turno del director sin identificación, además de estrechar su mano, el Director General palmeó su hombro y comentó haberlo extrañado para hacerlos fuertes en el partido; el aludido sólo expresó un "me imagino", reflejando con ello que la molestia seguía existiendo.

El inicio de la reunión fue normal y como primer punto se dedicaron unos minutos para evaluar el evento del fin de semana. – ¿Cómo te sientes por haber hecho efectiva la regla de que nadie ingresara si no portaba la identificación de la empresa? –Preguntó específicamente el Director General al director sin identificación. –La verdad me pareció exagerada y me doy cuenta de que sin la identificación no somos nadie. –Contestó sin levantar la vista de su agenda. - ¿Recuerdas el origen de porqué tomamos esa decisión? –Sí claro, pero era para el personal, nunca mencionamos que también para nosotros aplicaba la regla. –Sí, probablemente debimos dejarlo claro para que no hubiera dudas. Lo bueno es que no hubo más casos como el tuyo. ¿Qué piensas de la forma en que se comportó el vigilante? –La afirmación y la siguiente pregunta fue un balde de agua fría para todos. La atención se centró en el director sin identificación; me dio la sensación de que el tiempo se detenía antes de que éste respondiera. –Pues, aunque no me guste, creo que hizo lo que le ordenaron hacer. – ¿Consideras que hizo lo correcto? –Sí. – ¿Crees que sea un ejemplo de lo que esperamos que la gente haga cuando decidimos algo y le pedimos que lo cumpla? – El director aludido, suspiró profundo. –Sí, creo que sí debería de ser así.

El Director General se recostó en su silla y, con las manos en la mesa, dirigió la mirada a todo el grupo. – Pues ¿qué les parece si le damos un reconocimiento? – Nuevamente todas las miradas se fijaron en el director que estaba siendo el centro de la situación. Nadie contestó; por lo que el Director General continuó dirigiéndose primero a mí y luego a él. –Daniel, consigue los datos del vigilante y pásalos a su asistente. Tú, ve a tu oficina, elige un promocional para que tú mismo se lo entregues -. Todos los directores tenían algunos promocionales para premiar los comportamientos positivos de su gente, la única regla era que debían hacer una carta explicando el motivo y reportarlo mensualmente a Recursos Humanos. –Al final de la junta lo llamaremos para hacer la entrega aquí mismo. Ahora vamos a los demás asuntos del día -.

Durante el receso de 10 minutos, verifiqué los datos del vigilante y se los entregué a la asistente del director para que realizara la carta correspondiente. Le notifiqué al jefe de seguridad, para que estuviera al tanto y, cuando terminara la reunión, acompañara al vigilante a la sala de directores. Por supuesto que su expresión fue de "ya me lo temía"; a pesar de ello no le expliqué el verdadero motivo de su presencia ante el grupo directivo.

Al finalizar la reunión, le llamé al jefe de seguridad y los esperé en la puerta de la sala. La expresión de ambos era de dureza y preocupación combinadas. El vigilante era un hombre de los que podemos llamar "duro, pero justo", con amplia experiencia en su función. Normalmente caminaba muy derecho, pero al ingresar a la sala estaba encorvado, seguramente preparado para lo peor.

-¡Pásale Juan! –Expresó el Director General, en el momento que el vigilante cruzó la puerta de la sala, seguramente ya había leído la carta que el director había escrito a través de su asistente. –Aquí uno de mis colegas tiene algo que decirte. –Terminó cediendo la palabra al director al que el vigilante había negado el ingreso apenas un par de días antes. El director leyó la carta con voz clara y fuerte, se notaba que había dedicado más de 3 minutos para su redacción. El vigilante, a medida que escuchaba, enderezó su postura y sus ojos brillaron, era evidente el esfuerzo que hacía por no parpadear. Pude percatarme que apretaba con fuerza algo en la bolsa de su chamarra, después me enteré que era un llavero con la foto de sus hijos.

–Por todo lo anterior, es un orgullo reconocer tu profesionalismo y saber que contamos con gente como tú. –Terminó el director la lectura y se acercó para estrecharle la mano y hacerle entrega de la carta y un par de pequeñas cajas (que yo sabía correspondían a una taza y un llavero con logotipos de la empresa). El resto de los presentes aplaudimos con fuerza y uno de los directores gritaba -¡Bravo! ¡Felicidades!-.

Este caso significó uno de los ejemplos más poderosos de la cultura de cumplimiento y reconocimiento que esa organización experimentó, pero no fue el único. El equilibrio que existía entre el premio y el castigo, era casi perfecto. Aún hoy, después de más de una década de haber dejado la organización, existe gente que al reconocerme en la calle, me pregunta "¿Todavía conservas las cartas de reconocimiento?", mi respuesta es "Sí, ya están todas amarillas, pero sí las conservo".

El sistema de reconocimientos o premios de una organización, es fundamental para que los miembros identifiquen con claridad lo que sí se debe hacer. Lo más común es que el enfoque sea en lo que no se debe hacer y que, desde el primer día, los nuevos integrantes sean "bombardeados" con toda la información de lo que la organización desea que la persona NO haga. El problema de este método, es que aquellas personas, que jamás se les hubiera ocurrido incurrir en una falta, se les proporciona un extenso catálogo de posibilidades.

Tomando en cuenta que en el modelo del equilibrio, se señalan los extremos de cada estilo o condición; es un hecho que un entorno que no esté equilibrado y en el que el premio sea una premisa exagerada; entonces el resultado será que las personas no harán nada que no incluya un premio. Las consecuencias de este extremo pueden llegar a ser más dañinas para una organización, que incluso la exageración de los castigos. Como ejemplos podemos mencionar:

Consecuencias de premios excesivos

- La cultura se transforma en "recibir para dar".
- Falta de iniciativa, ya que sólo se hace aquello que es recompensado.
- Limitación de las contribuciones del personal, con base en la expectativa del premio a obtener.
- Las contribuciones "espontáneas" o "altruistas" desaparecen para dar lugar a proyectos a cambio de las ganancias obtenidas.
- El trabajo en equipo se condiciona a la recompensa a obtener por el grupo.
- La expectativa del tipo de premio se incrementa exponencialmente, y puede llegar a ser "insuficiente" para que la gente lo valore.
- La desmotivación puede desbordarse al enfrentar una situación de crisis que limite el otorgamiento de premios.
- La motivación por el logro de hacer las cosas mejor, se pierde; provocando un estancamiento de la mejora continua.

Como se puede comprender, las consecuencias de los extremos son evidentes. Este equilibrio es uno de los más complejos de lograr, ya que la dinámica de motivación de las organizaciones siempre está en movimiento.

Los **valores organizacionales** son las herramientas más importantes para lograr el equilibrio entre el premio y el castigo. Cuando las personas identifican lo que los valores de la organización significan, y tienen claro la vivencia, la práctica y aquellos comportamientos y acciones que van en contra de los mismos; entonces el sistema de reconocimiento, así como el de las acciones disciplinarias, adquieren sentido.

Sin embargo, la administración por valores, requiere de congruencia entre el decir y el hacer. El que la dirección o los jefes (o los padres de familia) sean ejemplos de la vivencia de valores, será fundamental para que el equilibrio se cumpla.

Debo señalar que la aplicación de los premios, así como de los castigos es toda una ciencia que requiere de un profundo conocimiento de la dinámica organizacional y familiar. Para representar una idea de su complejidad, compartiré un par de ejemplos al respecto.

Los premios pueden construir castillos... en el aire.

En cierta ocasión un grupo de trabajadores de producción se acercaron a mi oficina con una solicitud: que la empresa les pagara los uniformes deportivos para participar en una liga de futbol inter-empresarial.

Yo tenía apenas unos meses en la organización y argumentaban que mis antecesores se los habían prometido desde tres años atrás y no habían cumplido. Ahora querían saber si yo era capaz de cumplir. Su actitud era un tanto desafiante, por lo que solicité los antecedentes a mis colaboradores directos; ellos también tenían la misma idea que el grupo de futbolistas amateurs.

Decidí condicionar la entrega de los uniformes a la llegada del equipo a finales del torneo; es decir, si el equipo lograba pasar a la final, les compraría el uniforme completo para que jugaran el último partido. Por supuesto que los reclamos y lloriqueos se extendieron en el grupo. Les ofrecí que la empresa pagaría el campo y el arbitraje de cada partido; pero que en el momento que quedaran descalificados, se acabaría el apoyo. Ellos negociaron que el uniforme incluyera los zapatos de futbol, a lo que accedí, siempre y cuando jugaran la final.

El grupo se retiró, todavía quejándose de la ambiciosa condicionante; aunque entusiasmados al mismo tiempo por llegar a la final, y ya imaginándose con su flamante uniforme y zapatos de futbol nuevos. Al día siguiente se presentó un grupo de mujeres trabajadoras a solicitarme el mismo esquema que a los varones. Ellas nunca habían participado en un torneo de futbol, pero siempre habían querido hacerlo. Accedí también con las mismas condiciones que sus compañeros.

Durante los casi tres meses que duró el torneo, el entusiasmo de la organización se incrementaba al conocerse los resultados y comprobar que los dos equipos se acercaban a la final. El equipo femenino demostró incluso ser más dedicado y entusiasta que los varones, hasta su grupo de porristas era más grande.

Ante mi incredulidad, y la de TODA la organización, los dos equipos llegaron a la final. Era la primera vez en casi diez años, que un equipo de futbol llegaba a esa altura de un torneo y la primera en la historia de la empresa con un equipo de futbol femenil. El dueño de la empresa no cabía en elogios para mi "*atinado sistema de motivación*" y no escatimó en la adquisición de los uniformes, con todo y zapatos, para ambos equipos.

Los dos equipos perdieron el partido final y quedaron sub-campeones. El equipo femenil recibió, además, un trofeo por ser el equipo más constante y puntual de la liga.

Si usted sintió un ligero atisbo de decepción en el párrafo anterior, entonces logré expresar mi sensación de aquel entonces. Hoy mi conclusión es que debí dejar los zapatos para cuando se coronaran campeones.

Los castigos deben ser ejemplares

La organización en la que acababa de ingresar apenas un par de meses antes; tenía un serio problema de grafiti en los baños, tanto de hombres como de mujeres. Era una empresa mediana de apenas 120 trabajadores. Mi estrategia fue realizar pláticas de concientización con todo el personal y solicité que se pintaran y arreglaran los baños para que la gente "supiera" cómo debían de conservarlos.

A la semana de las pláticas y reparaciones empezaron a aparecer los primeros gráficos, inscripciones, mensajes, sugerencias y hasta poesía erótica, debidamente ilustrada. De nada habían servido las desveladas y horas dedicadas para las pláticas de concientización; no profundizaré en el desperdicio que implicaba para la dirección general el gasto realizado para la reparación de los baños.

En medio de mi frustración y desencanto por la "clase obrera", detecté que los tableros informativos, recientemente instalados y con información nueva, también empezaban a ser objeto del vandalismo organizacional. Mi desagrado fue tal, que dediqué más de cuatro horas a revisar los videos de seguridad, hasta encontrar las imágenes del momento en que dos trabajadores extraían la información de los tableros informativos. Tenía la evidencia suficiente para demostrar que habían "atentado" en contra de la propiedad de la empresa. Sabía que podía aplicar una acción disciplinaria severa, y que, si se ponían agresivos, hasta con posibilidades de una rescisión de contrato.

Elaboramos las actas administrativas correspondientes y un par de avisos por cinco días de castigo sin goce de sueldo. Mientras esperaba en mi oficina a que llegaran escoltados por el supervisor, el cual me serviría como testigo del proceso; una idea se formó en mi mente: Debía aprovechar estos "justos, para que pagaran los pecadores".

Cuando llegaron el par de trabajadores, tenía muy claro lo que iba a hacer: Les presentaría las actas administrativas; reforzaría que contaba con la evidencia de su mala acción grabada en video, y que debían sentirse agradecidos de que no aplicara la ley con toda la fuerza posible. Una vez que aceptaran el castigo impuesto; les presentaría otra alternativa: Les cambiaría los días de castigo sin goce, por su trabajo para volver a pintar y arreglar los baños; uno se encargaría del de los hombres y otro del de las mujeres. El trabajo se realizaría al final de su turno o en un fin de semana; es decir fuera de su jornada normal de trabajo. Si aceptaban; entonces les ofrecería otra alternativa: Si cada uno de ellos señalaba a una persona como responsable del grafiti; les liberaba del castigo y destruiría las actas administrativas.

Todo funcionó como lo imaginé, llegamos al punto de "señala a un grafitero". – ¿Sea hombre o mujer? –dijo uno de ellos. –Si le digo el nombre, ¿Les va a decir quién le chismeó? –dijo el otro. Les respondí que yo no diría nada, pero que no metería las manos al fuego ni por ellos mismos, ni por el supervisor que estaba presente.

Los trabajadores repararon los daños y pintaron los baños. Prefirieron hacerlo juntos, "para terminar más rápido".

En los tres años que permanecí en esa organización, no se volvió a tener problemas de grafiti.

Lograr el equilibrio entre el premio y el castigo es como caminar en la cuerda floja en una barca con oleaje alto, es muy difícil, pero altamente satisfactorio si se logra.

En la relación con mis hijas, este equilibrio ha sido por demás importante. No es fácil lograr que los hijos se automotiven y asuman con naturalidad las responsabilidades propias de su edad. Sin embargo, la congruencia de los mensajes y las acciones han sido fundamentales para que hoy me sienta orgulloso de mis hijas y que el camino, a pesar de los obstáculos y complicaciones, lo hayamos transitado con alegría y repleto de satisfacciones.

No profundizaré en mis experiencias al aplicar el equilibrio de Premio y Castigo con mis hijas; pero espero que, cuando ellas lean estas líneas, me otorguen una calificación sobresaliente y me confirmen que he cumplido, con congruencia, mi papel de padre para ellas.

Soltar y Controlar

Una de las competencias fundamentales de un líder, es la de saber cuándo delegar. Un líder, de los llamados *del siglo 21*, sabe incluso, empoderar o facultar a sus colaboradores. Esto en la teoría es sumamente atractivo, en especial para aquellos que "sufren" la supervisión de un jefe que no tiene desarrolladas esas capacidades. Pero la verdad es que en la práctica, delegar y empoderar son procesos por demás complicados; en especial cuando la exigencia y expectativa de los resultados a alcanzar es muy alta. La naturaleza humana domina sobre la teoría y se termina buscando tener el control de todo en lo que intervenga para lograr lo que se busca. Puede tratarse de recursos materiales o de los recursos humanos, incluso esta expresión refleja la necesidad de controlar a las personas como un recurso.

Se afirma que, para que un jefe delegue o empodere a un colaborador, depende del nivel de confianza que el primero tenga sobre el segundo, mientras más se confíe en el colaborador, más fácilmente se podrá delegar. Algo hay de eso, aunque en el capítulo de *Confianza y Temor*, profundizaremos en la importancia de no llevar la confianza a niveles demasiado altos.

Este tipo de equilibrio tiene características diferentes a los demás. Mientras en la mayoría de los equilibrios lo importante es lograr una "estabilidad central" para alcanzar la excelencia; en este caso, es más un "estira y afloja" que permita regular la velocidad de la actuación de nosotros mismos; de nuestros colaboradores, de la organización en su conjunto y de la familia a la que pertenecemos. Esto es parecido al manejo de la rienda de un caballo; si queremos avanzar hay que soltar la rienda un poco y, para reducir la velocidad, hay que tensarla para transmitirle control al animal. Si el caballo percibe tensión en la rienda, y al mismo tiempo se le pide que avance al espolearlo, entonces se confundirá y terminará tumbándonos de la silla.

En el otro extremo, el exceso de soltura; me recuerda las películas en las que se representan escenas de caballos desbocados por la falta de control de su jinete; esto es lo que sucedería si se soltara la rienda demasiado; terminaríamos disparados sin control y enlodados en una zanja.

Debo advertir que no soy un jinete experto y mi percepción puede estar equivocada; pero es el ejemplo que mejor ilustra el comportamiento de este equilibrio.

Soltar y controlar se aplica muy bien a la educación, tanto de individuos como de organizaciones; hasta de países. Permíteme enlistar algunos aspectos de los extremos de este equilibrio:

Soltar en exceso:

- No hay límites, ni restricciones de ningún tipo.
- Se sabe cuando inicia, pero no cuando termina.
- No hay rendición de cuentas.
- La reactividad es la forma de actuación por excelencia.
- No hay reglas, y si las hay, no existe la obligación de cumplirlas.
- Las consecuencias se presentan sin anticiparlas.
- Se gana en exceso… y/o se pierde en exceso.
- Lo que importa es el "momento".
- Siempre es "demasiado tarde".
- Sentimiento de "vaciedad".
- La irresponsabilidad como actitud.
- El aprendizaje es opcional.
- Estado permanente de inmadurez.
- La libertad como bandera (vea el capítulo de *Libertad y Disciplina*).

Control en Exceso:

- El exceso de límites genera parálisis.
- Burocracia.
- Dependencia.
- La gente informa lo que se espera de ellos… no más.
- No hay movimiento sin instrucción previa.
- No existe iniciativa ni proactividad.
- Sensación de acoso o "acechamiento".
- Síndrome del "hermano mayor" (*siempre está ahí para cuidarme y ver lo que está mal, yo no tengo por qué preocuparme*).
- La disciplina como bandera (vea el capítulo de *Libertad y Disciplina*).

En este tipo de equilibrio el objetivo es alcanzar un ritmo de *soltar-controlar-soltar*, que permita que los individuos y las organizaciones alcancen su máximo potencial. Soltar cuando se requería controlar, o controlar, cuando se requería soltar; generarán sentimientos de abandono o de frustración. Hay una frase que se acostumbra en el medio educativo: "*hay que darle espacio para que se desarrolle*"; pero cuando el espacio es demasiado grande, se corre el riesgo de perderlo.

Equilibrios de Excelencia

Equilibrio 3 Soltar y Controlar

No es fácil encontrar el equilibrio – ritmo entre el soltar y controlar. Espero que los siguientes relatos puedan contribuir a identificar algunos aspectos para su aplicación.

> Un empresario se quejaba de que su hijo primogénito no estaba a la altura que se requería para incluirlo en la empresa. Le preocupaba que no asumiera la responsabilidad que por derecho le correspondía. Al preguntarle acerca de los estudios de su hijo; mencionó que había ya cambiado en dos ocasiones de licenciatura y en ese momento estaba tomando "un año sabático", para ordenar sus ideas. Al preguntarle acerca de la forma en que recibía dinero para sus gastos; el empresario de manera por demás natural mencionó que le depositaba cinco mil pesos por semana. El joven no tenía que rendirle cuentas de lo

que hacía con el dinero que recibía. Al recomendarle al empresario que estableciera un esquema de reportes semanales de su hijo hacia él, con el fin de que entendiera que el dinero que recibía no era "gratis"; el empresario descalificó la idea de inmediato. Le pregunté cómo había él logrado construir su empresa. Respondió con orgullo y enorme satisfacción: "Con mucho esfuerzo y sacrificio". Le recomendé que le permitiera a su hijo al menos ganarse su "domingo" con un poco de esfuerzo y un poquito sacrificio. La mirada del empresario se iluminó y expresó su comprensión de lo que tenía que hacer.

Durante un recorrido por las instalaciones de una empresa mediana, el dueño de la empresa dirigía sendas órdenes a diestra y siniestra. – ¡Ya les he dicho que no me dejen esto a medias! ¡Cuántas veces tengo que repetirles que no me revuelvan los pedidos! ¡¿Pues qué no ves el papel tirado?! ¡Limpia esa mancha de la máquina inmediatamente! ¡¿Por qué no han terminado de cargar el tráiler?! ¡¿Ahora usted de dónde viene a esta hora?! ¡Ya no es hora de comida! ¡A ver supervisor, pues cómo demonios tienes el rol del personal! – Y así durante casi 40 minutos.

Al regresar a su oficina le comenté que me parecía que gritaba igual de fuerte por un papel tirado, que por un reclamo de un cliente, y que eso podía confundir a su gente, pues por recoger el papel, o limpiar la mancha de la máquina, podían dejar en segundo término la carga de un tráiler y fallar en la entrega. No le hizo mucha gracia mi comentario, pero comprendió el sentido y realizó modificaciones que han significado un cambio importante en la mejora de su organización.

Al realizar un diagnóstico en una fábrica de muebles, pregunté a uno de los responsables de área si ejecutaban auditorías de seguridad, orden y limpieza de manera periódica. Él, con mucho orgullo, me contestó que se realizaban diariamente, incluso los domingos que no se trabajaba. Eso me pareció sorprendente y le solicité que me mostrará los reportes de la última semana. Fuimos a su oficina, abrió un gabinete repleto de carpetas y extrajo una que estaba encima de los demás debido a que ya no había espacio suficiente.

Al revisar los reportes no podía creer lo que aparecía en los que correspondían al domingo: contenían la fecha, el nombre de quien realizó la auditoría, y la leyenda *"sin novedad por ser domingo"*, todo lo demás estaba en blanco. Al preguntarle qué hacía con esos reportes, su respuesta fue cómoda y natural "los archivo en ese gabinete, y cuando me los piden, como usted, se los muestro".

En la organización de un evento muy importante, en la que estaba involucrada la visita del presidente de la república a las instalaciones de la empresa a la que pertenecí por algunos años; me fue asignada la producción de un globo de 3 metros de diámetro con el logotipo impreso, luz interior y que se colocara entre los dos edificios que conformaban las instalaciones. Por supuesto, me di a la tarea de localizar proveedores que cumplieran con los requerimientos. Seleccioné a la mejor opción de precio, calidad y tiempo de entrega.

Dos semanas antes del evento, en una de las reuniones de seguimiento, me preguntó mi jefe directo cómo iba la producción del globo. Muy orgulloso de mi avance, reporté que la producción estaba en proceso y que había revisado personalmente el cumplimiento de la imagen corporativa. Mi jefe se mostró complacido y expresó emocionado – ¡Ya me lo imagino en la noche flotando entre los dos edificios! –Sentí que la tierra se abría y me tragaba ¡el globo de tres metros de diámetro que se estaba fabricando NO flotaba! ¡Era sólo un inflable que se colocaría en el techo de un túnel que enlazaba los dos edificios!

Al explicar que no había globos de tres metros que flotaran, que cumplieran las características mencionadas y con el presupuesto asignado; mi jefe se enrojeció y empezó a respirar con fuerza para contener su enojo. Expresé en diferentes formas que no habíamos puesto en los requerimientos que el globo se elevara del piso; a lo que él expresó como un tronido – ¡¿En qué cabeza cabe que un globo no vuele!? –Yo estaba al punto del colapso nervioso.

El director general me miró fijamente y dijo – Daniel ¿hay manera de solucionarlo? Recuerda que no podemos gastar más de lo asignado en el presupuesto ¿Es posible que tu proveedor realice un globo que vuele, aunque sea de menos de 3 metros de diámetro? – Yo no lo sabía, pero por vida de Dios que haría hasta lo imposible para que así fuera. Mi jefe interrumpió mi respuesta y dirigiéndose al director general, solicitó que se me quitara la asignación de esa tarea, que ya no tenía caso que yo siguiera como responsable de algo que no había entendido desde un principio, que él personalmente se encargaría de resolverlo. El director general respondió que no, que ya había quedado clara la expectativa y que yo tenía el contacto con el proveedor. Era mi responsabilidad, y mi error; yo tenía que resolverlo. Además ya todos tenían tareas asignadas y el tiempo se acortaba.

Fui el primero en salir de la reunión, llamé al proveedor, le expliqué la situación y, de la manera más profesional me dijo que ya se tenía casi un 50% cosido del globo-inflable y el cien por ciento del material cortado; pero que fuera a sus instalaciones a revisar qué se podía hacer. Estaba a punto de salir cuando la compradora con más experiencia se me acercó y me dijo que su jefe le había solicitado que me apoyara. Fuimos juntos a la fábrica de globos e inflables. Me dejó conducir la negociación y sólo participó con un par de señalamientos de tipo contractual cuando el proveedor presentaba alguna objeción. Al salir, las dos partes nos sentimos satisfechos, se había logrado aprovechar el material, que ya había sido pagado, para la fabricación de dos inflables de menor tamaño, con luz interna y con logotipos de la compañía. El precio total disminuyó con un porcentaje suficiente para la renta con otro proveedor de un globo que pudiera elevarse. El globo que se consiguió, y que fue elegido por mi jefe, era de 1.8 metros de diámetro, con luz interna y se colocó el logotipo de la compañía.

El día del evento, se contaba con dos inflables colocados en los jardines de la empresa y un globo que flotaba entre y arriba de los dos edificios que, efectivamente, se veía genial en la noche.

Esa ha sido mi mejor experiencia de empoderamiento, y al mismo tiempo, la mejor danza entre los esfuerzos por *soltar y controlar* a un pobre ingeniero que no se le ocurrió que los globos deben volar.

Confianza y Temor

En mi experiencia, el respeto es un valor fundamental para la *bienvivencia* en cualquier relación y organización.

El respeto es un valor muy especial, ya que se equilibra de aspectos que en sí mismos constituyen un caso de estudio particular: la *confianza y el temor*. Empecemos por la **confianza**.

En el capítulo anterior se mencionó la idea generalizada de que a mayor confianza, mayor facilidad para delegar o empoderar a una persona. Si bien comparto la idea de que la confianza es un ingrediente fundamental del proceso de empoderamiento de las personas; no estoy de acuerdo en que mucha confianza genere mejores resultados.

Cuando la confianza excede los límites "normales" para la *bienvivencia*; se desvirtúa en conductas que, normalmente, resultan agresivas para la persona a la que le prodigamos tanta confianza. Es común observar expresiones que, escudándose en la confianza, desvaloran o menosprecian a la pareja sentimental de la persona que habla. Se pierde la cautela en el trato y se "suelta" lo que se siente y como salga, al fin al cabo la otra persona perdonará todo.

Cuando la confianza rebasa los niveles "sanos" de la relación, es porque se sabe demasiado de la otra persona; no hay secretos entre ellos. Incluso el misterio que envuelve a las personas, aquello que las hace interesantes, y que fue por lo que se acercaron la primera vez; se ha perdido en el camino de la confianza.

Las personas que se prodigan tanta confianza, terminan siendo transparentes para el otro. A veces es esta transparencia la que hace que una pequeña mancha se note demasiado; provocando una reacción exagerada por la "confianza traicionada". En otros casos, esta trasparencia termina haciéndolos invisibles uno del otro. Confían tanto que ya no se esfuerzan por profundizar en el conocimiento de la otra persona. Se han creado una idea fija de cómo eran, y con el paso del tiempo no aceptan los cambios que se dan, de manera natural o provocados, en la otra persona; esto afecta su relación y por consecuencia la convivencia productiva.

El exceso de confianza nubla la razón y la objetividad; esta es la razón por la que la mayoría de las empresas familiares fracasan. Es por ello que promuevo, en la medida de lo posible, la política de que un familiar no debe reportar directamente a otro en la estructura organizacional.

Cuando un jefe tiene entre sus colaboradores a su pareja sentimental, inevitablemente generará conflictos en la relación, tanto laboral como sentimental. Las "olas" que se generan entre los colaboradores o en quienes presencian la interacción matizada por la confianza excesiva, producen incomodidad y afectan principalmente la imagen de la persona de mayor jerarquía.

La pérdida del respeto hacia la autoridad, es el primer síntoma de que la confianza ha sobrepasado el nivel adecuado para la *bienvivencia*.

Es claro que hay personas capaces de mantener la confianza en un nivel adecuado para la convivencia productiva, aún en relaciones familiares muy cercanas; pero en la práctica son la excepción y no la regla.

El otro extremo de este equilibrio es el **temor**; el cual se genera normalmente por un estilo de liderazgo autoritario; el cual a su vez, se caracteriza por los excesos en la aplicación de la disciplina, el control y los castigos; sume todos ellos y de seguro le generará temor al imaginar a una persona con todos esos excesos, y si esa persona es su jefe, lo que sentirá será terror.

Este extremo lo considero producto de la naturaleza humana más primitiva, es decir, de la parte animal que tenemos los humanos. Ser autoritario es fácil, no se requiere prepararse para inspirar temor en los demás, aunque claro que es posible especializarse en ello. De hecho, el temor es una emoción de tipo causa-efecto. Cuando una persona se siente amenazada (siente miedo o temor de otro); su instinto animal le dice que ataque (para producir temor en el otro). Es común que las personas más temidas en las organizaciones, se han hecho agresivas como producto de haber aprendido a atacar primero para evitar ser lastimadas.

Equilibrio 4 Confianza y Temor

La paradoja es que una gran mayoría de las personas que utilizan el temor como estrategia de dominio sobre los demás, tienden a ser, al mismo tiempo, sobre protectoras y paternales (o maternales). Por ello se generan entornos de inequidad y favoritismo, que son aprovechados por algunos hábiles miembros de la organización.

En un entorno de temor en exceso, la organización gira alrededor del individuo más temido. Se cuida aquello que puede generar la agresión; pero se ignora lo que no; esto hace que la organización no aproveche los talentos, capacidades y potenciales de los miembros. De hecho, si algún miembro se considera una amenaza, es suprimido o eliminado de manera definitiva y permanente. A continuación algunas afirmaciones de este peligroso extremo:

- El temor es una barrera que nubla el conocimiento y aprendizaje organizacional.
- El sujeto que es temido, se mantiene en la pirámide organizacional a través de la sobre protección y favoritismo de personas elegidas por él mismo, las cuales son conservadas en tanto no representen una amenaza.
- Aquel que es percibido como amenaza, es eliminado.
- El acto de producir temor se nutre del temor que se siente ante una amenaza (no significa que la amenaza sea real).
- La práctica de inspirar temor se replica y reproduce en todos los niveles de la organización.
- La dinámica de una organización en donde el temor es la premisa de actuación, se retroalimenta consistentemente y se vuelve dura e inflexible.
- La única forma de transformar a una organización con una cultura basada en el temor, es de arriba hacia abajo.

- Erradicar el temor excesivo en una organización, es un proceso largo y doloroso en la mayoría de las ocasiones.

Como se puede deducir, este extremo es en donde se gestan las organizaciones delincuenciales.

Alcanzar el equilibrio entre estos dos polémicos extremos, significa construir un entorno de:

- Respeto a las personas y a sus ideas, costumbres y creencias.
- Aceptación y tolerancia, es decir de Diversidad.
- Aprendizaje y colaboración, lo cual propicia la mejora continua.
- Convivencia positiva y productiva (Bienvivencia).
- Disposición para que todos los demás equilibrios se cumplan.

Durante la adquisición de un corporativo a la empresa en la que me desempeñaba como responsable del desarrollo organizacional; tuve la oportunidad de compartir la filosofía de la empresa con otra empresa, ahora hermana, del corporativo que nos había comprado. Se decidió que fuera nuestra filosofía la que se inculcara a los nuevos colegas, principalmente porque era más sólida y los resultados demostraban que se habían adaptado mucho mejor a los hábitos y costumbres locales.

Por supuesto que los directivos de la empresa hermana, los cuales pertenecían al corporativo que nos había adquirido, no les agradaba que "los conquistados, educaran a los conquistadores".

La filosofía de la empresa era simple pero poderosa: Valores bien definidos y enlazados a las prácticas de la organización; objetivos definidos, medidos y compartidos con todo el personal. El enfoque en la calidad, la productividad, la seguridad, el cumplimiento con los clientes y colaboradores, era sin lugar a dudas un ejemplo poderoso de alineación. Pero lo fundamental era el equilibrio que se vivía día a día en un ambiente de respeto en todos los niveles de la empresa.

Durante la inducción a los directivos, sus expresiones de incredulidad, escepticismo y total desacuerdo; fueron un reto importante para quienes participamos en el proceso. Por mi posición y manejo del inglés, fue mi responsabilidad impartir un módulo especial, tipo resumen ejecutivo, al director general de la empresa. Se notaba que hacía un esfuerzo importante por no expulsarme de su oficina. En un par de ocasiones detuvo la sesión para dar sendas órdenes a su secretaria y a un par de supervisores que se atrevieron a acercarse a la oficina. Fue una sesión de sólo un par de horas; pero la sensación de eternidad seguramente ambos la sufrimos.

Al salir de la oficina observé con detenimiento a las personas de la organización. La mayoría con expresiones de temor, encorvados y sin brillo en sus ojos. En el área de producción se escuchaba demasiado ruido para tratarse de una empresa de ensamble de artículos electrónicos. La gente literalmente aventaba los ensambles a la banda transportadora, que a medida que avanzaba, el producto tomaba forma; con lo cual el ruido al final de las líneas de producción era más fuerte. Los supervisores manoteaban y proferían amenazas a diestra y siniestra. Cuando pensé que había visto todo; escuché un grito colérico por encima de mi cabeza, se trataba del gerente de producción, el cual había salido de la sala en la que uno de mis colegas "conquistados", les estaba impartiendo la filosofía de la empresa. El gerente se percató de mi presencia y me dirigió la mirada más fulminante que he recibido de un "compañero" de trabajo. Se dio la media vuelta y volvió a entrar a la sala. Un par de supervisores se acercaron y me rogaron que los cambiara de planta; ya no aguantaban los insultos y agresiones de su gerente, y habían escuchado que en la planta de donde yo venía el ambiente era diferente. Les dije que no dependía de mí, pero que tomaba nota de su solicitud. La pequeña chispa de esperanza en sus ojos se apagó casi de inmediato.

El proceso de adaptación fue complicado, pero, como se dice: "el universo se confabula", y el corporativo decidió dejar de pagar la renta del edificio de la planta de nuestros "conquistadores" y mover las operaciones a uno de los edificios de la planta "conquistada". Cuando lo supe, inmediatamente pensé que el deseo de ese par de supervisores se había convertido en realidad.

El choque de las dos culturas fue menos drástico que lo que se había pronosticado. El que se haya presentado la filosofía apenas unas semanas antes, provocaron que existiera un entusiasmo e interés por comprobar que lo que les habíamos dicho era verdad... y por supuesto que así era.

La participación del director general y el gerente de producción (los conquistadores) en las juntas de staff de la organización conquistada, significaron para ellos un choque, que de seguro fue doloroso; porque ahora se encontraban en un entorno de reglas diferentes. La gente no les temía, ni obedecían ciegamente. Ahora tenían que demostrar con argumentos, hechos y datos, los beneficios de sus propuestas y métodos de trabajo.

Un par de meses después de la integración, en una reunión del grupo de ingeniería y manufactura, el gerente se levantó de la silla y empezó a gritar, reclamando lo que él llamaba "falta de exigencia por parte de los supervisores" y que por eso se tenían resultados mediocres. El director de ingeniería, que era del grupo conquistado; le invitó a tranquilizarse y a que aportara datos concretos que demostraran su afirmación. Como no los tenía, se dio por terminada la reunión y se programó al día siguiente para que tuviera oportunidad de presentarlos. Al salir me acerqué a él y le pregunté si necesitaba ayuda para obtener información de los sistemas para que comparara los resultados. No la aceptó y rechazó tajante mi ofrecimiento. Casi tuve que gritarle que si necesitaba algo me avisara; ya que dio media vuelta y se alejó de prisa, como huyendo de mi presencia.

A media mañana del día siguiente, recibí la llamada del gerente de producción, el "conquistador" necesitaba información de los resultados de todas las líneas de producción. Le contesté de la manera más cordial y precisa que pude; le hice saber que tardaría un par de horas en obtener los datos de todas las líneas, por lo que casi no habría tiempo para que él los analizara y realizara la presentación para la junta. Le invité a que viniera a mi área de trabajo y que juntos podríamos definir lo que necesitaba y así les diríamos a un par de mis colaboradores, específicamente qué datos obtener y cómo incluirlos de manera directa en la presentación. Muy a su pesar accedió. Era un hombre joven, inteligente y hábil en el manejo de la estadística. Con los datos más antiguos se preparó una hoja de cálculo, y juntos la automatizamos para que al colocar los datos más recientes generaran las gráficas que él requería. Fue una buena experiencia de trabajo en conjunto. Yo tenía que atender otros asuntos, así que lo dejé con mi gente completando la presentación, y lo vería hasta el momento de la junta con ingeniería y manufactura.

No llegué a la junta para ver su presentación. Los directores generales habían sido notificados que la operación se cerraría definitivamente; por lo que fui requerido para iniciar la estrategia de comunicación, teníamos apenas tres meses para cerrar las puertas de una organización con más de tres mil trabajadores.

El proceso de cierre se inició y las líneas que habían sido trasladadas de la empresa original del corporativo fueron las primeras en cerrarse. Los "conquistadores" se fueron primero y al final quedaríamos los "conquistados".

El último día de trabajo del gerente de producción ("conquistador"), entró a mi área de trabajo y se despidió de mi gente, muy en especial de los dos que le habían ayudado a obtener la información de aquella presentación. Al último se acercó a mi lugar de trabajo; se sentó y me miró con sus ojos brillosos y la voz quebrada por la emoción. —Estos meses con ustedes han sido los más intensos de mi vida. Tú sabes que yo era de los que no estaban de acuerdo en unirnos y no creía en todo lo que ustedes nos dijeron en aquella inducción. Ustedes me demostraron que se podía manejar a la gente de una forma diferente. Me trataron con respeto, a pesar de que yo no los respetaba a ustedes. Confiaron en mí y me hicieron sentir capaz, a pesar de que yo lo que quería era burlarme de sus métodos. –Suspiró profundo, mientras yo lo observaba y no podía atinar a decir una palabra. –Hoy me voy agradecido contigo, con tu gente y con todos. Te pido me perdones si en algún momento te ofendí. –No hay nada que perdonar, -le contesté, -ha sido un honor trabajar contigo en este tiempo. Ojalá y esta experiencia la puedas replicar a donde vayas.

Se levantó me estrechó la mano con fuerza y sinceridad, y se alejó como aquel día al salir de la reunión. Uno de mis colaboradores se acercó y me dijo "¿fue mi imaginación o quería llorar?".

No volví a tener contacto con él; por las redes sociales sé que se encuentra en Estados Unidos en una empresa de ingeniería de punta. Estoy seguro que el equilibrio que encontró en esa empresa, le hizo pasar de la zona de temor a la del equilibrio con la confianza en sí mismo y en su gente.

El equilibrio entre la confianza y el temor es un aspecto fundamental en el proceso de delegación efectiva, así como en el empoderamiento de personas. En mi experiencia, el temor de que la otra persona falle, es lo que limita principalmente éstos procesos; pero el exceso de confianza, también afectarán el buen resultado. De manera personal he experimentado ambas situaciones.

En los casos en los que he confiado demasiado en las personas, he puesto en riesgo no solamente el resultado que se esperaba; sino que la relación con las personas se ha deteriorado. Es por ello que mantener la confianza ligada al equilibrio de *Soltar y Controlar*, será la mejor manera de obtener resultados sobresalientes y en el que las relaciones personales y profesionales se mantengan de manera positiva.

Sin embargo, el temor provocado por la posibilidad de que las personas fallen, es lo que, en lo personal, me ha limitado en más de una ocasión para aprovechar al máximo el potencial y el talento de las personas que me rodean.

Es común que al preguntar en un grupo de personas acerca de la experiencia de aprender a conducir un vehículo, surjan historias en las que las relaciones personales se vieron afectadas, por la crisis experimentada durante ese proceso. En los talleres de *empoderamiento* hago con regularidad un sondeo al respecto; y las aportaciones, por lo general, giran en torno a que la persona que está "a cargo" de enseñar a manejar al otro, se desespera, grita, satura de información, exige que se haga todo al mismo tiempo y, en casos extremos, hasta intenta arrebatar el volante a la otra persona. En mi caso no fue la excepción.

> En mis primeros años de matrimonio, intenté enseñar a conducir a mi esposa. El resultado fue catastrófico, a pesar de que el automóvil era de transmisión automática; el temor de que perdiera el control y se

lastimara ella, a mi hija primogénita (de apenas un año de edad en aquel entonces), a un tercero y, debo decirlo, ocasionara daños al automóvil; me impidieron facilitar el proceso para que ella aprendiera a conducir. Las discusiones generadas durante el proceso, hicieron que mi esposa renunciara tajantemente a seguir intentándolo. Mi frustración fue grande ¿Cómo un instructor con la experiencia y resultados que yo tenía, había fallado en enseñarle a manejar a su esposa? En aquel momento la conclusión fue que ella no era capaz de conducir. Mi justificación era precisa: *ella tenía demasiado miedo y nunca lo controlaría.*

Afortunadamente para la relación, y desafortunadamente al mismo tiempo por la implicación económica, el auto fue robado y nunca recuperado, así que pasaron un par de años para que volviéramos a tener la capacidad económica para adquirir otro automóvil.

Sin embargo; al paso de los años la necesidad de que mi esposa manejara se convirtió en algo imperativo. Me estaba convirtiendo en el "chofer" de la familia; lo cual empezaba a ser una gran limitante para poder cubrir todas las actividades personales, profesionales y familiares. El temor de reiniciar el proceso para enseñarla a conducir, me obligó a realizar un profundo análisis de los aspectos que nos habían limitado unos años antes para alcanzar un resultado satisfactorio.

La verdad que descubrí me dolió profundamente: Yo no confiaba en la capacidad de mi esposa para conducir de manera segura un automóvil.

Fue doloroso darme cuenta que la mujer con la que había decidido formar una familia y que estaba por terminar una maestría; no era, para mí, digna de otorgarle mi confianza para transportar a mis hijas en un auto conducido por ella.

El reconocer que la principal falta de confianza era mía, y que era yo el que tenía más miedo de lo que pudiera suceder en caso de un accidente; me permitió definir un proceso de Soltar y Controlar, con el fin de facilitar el proceso para que mi esposa aprendiera a manejar y obtuviera, sin concesión alguna, su licencia de manejo.

El proceso no estuvo libre de momentos de indecisión y temor de su parte, pero como yo me encontraba en equilibrio entre la confianza que le tenía y el temor que sentía de las consecuencias de un incidente; pude facilitar el proceso y rápidamente ella adquirió la confianza en sí misma y logró equilibrar el temor natural para conducir un auto.

Esta experiencia personal, me permitió identificar oportunidades importantes en mi papel como supervisor y también como facilitador de procesos de aprendizaje. Lograr el equilibrio entre la confianza y el temor, es fundamental para alcanzar la excelencia en la gestión de personal.

Apatía y Pasión

El equilibrio entre Apatía y Pasión lo considero fundamental y hasta trascendental. En realidad, éste fue el equilibrio que identifiqué en primer lugar y que se convirtió en el regulador de mis acciones, tanto personales como laborales.

La primera vez que tuve conciencia de la importancia de este equilibrio fue en mi adolescencia al tomar algunas clases de Karate. El sensei hacía énfasis en la importancia de equilibrar nuestro carácter, de no perder la compostura, de estar alertas. En ese tiempo surgió la ola Star Wars (Guerra de las Galaxias) y la filosofía "Jedi" vino a reforzar esta idea de mantener un equilibrio entre lo que te apasiona y lo que no te importa en absoluto.

A medida que se reconocía la relevancia de la Inteligencia Emocional (IE) y elevarla sobre el Coeficiente Intelectual (IQ); profundicé en los elementos y competencias de la IE; al hacerlo me quedó claro que la única manera de alcanzar la Inteligencia Emocional de manera integral, era logrando el equilibrio entre la Apatía y la Pasión.

Cuando realizo procesos de consultoría y coaching, este equilibrio es fundamental para poder mantener una posición profesional, suficientemente distante para mantener la objetividad y, al mismo tiempo, cercana para conocer las oportunidades de mejora desde la perspectiva de mis clientes. La práctica de este equilibrio, me ha permitido mantener una relación profesional, aún en procesos de acompañamiento que han durado años y, en algunos casos, donde existen relaciones afectivas con algún miembro de la organización.

En mi papel de esposo y padre, este equilibrio ha hecho la diferencia entre el desapego y la reactividad, entre el alejamiento y la intromisión; considero que es lo que me ha permitido mantener la buena relación durante más de 20 años de matrimonio y haber sorteado sin complicaciones la adolescencia de mis hijas ahora adultas.

Como ya hemos planteado en más de una ocasión, los excesos son los que ponen en riesgo nuestra efectividad personal y la *bienvivencia,* tanto en lo personal – familiar, como en lo laboral. Ser conscientes de los puntos en los que traspasamos el nivel de equilibrio, hará la diferencia en nuestra actuación, desarrollo y resultados.

La Apatía, ya desde su origen conlleva implicaciones negativas, a nadie le gusta tratar con gente apática; pero es un hecho que todos tenemos algo de apáticos y que, en ocasiones, nos ha salvado de situaciones que, de habernos dejado llevar por la pasión, las consecuencias hubieran sido devastadoras.

Pero la apatía en exceso es peligrosa. Si alguien es apático hacia las tareas productivas, las evitará y caerá en la holgazanería. Si hay apatía al aprendizaje, se caerá en la ignorancia y el analfabetismo. Si hay apatía a la relación, ya sea de tipo personal o de trabajo, la persona apática se alejará sin dudarlo, el abandono es un síntoma evidente de la apatía. El suicidio puede ser una opción para algunos apáticos, pues la vida no les provee de algo que les motive a permanecer con vida. La apatía es vacío y conduce a la nada.

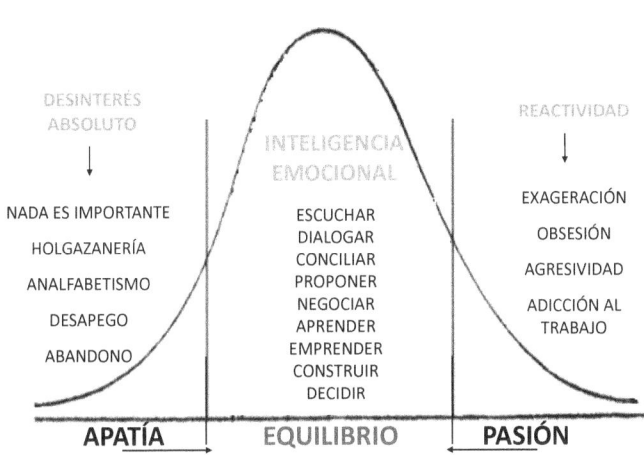

Equilibrio 5 Apatía y Pasión

La Pasión por su parte, es un ingrediente fundamental de la acción. La pasión es energía, impulso, es el combustible que hace que las cosas sucedan, es la chispa que hace que las relaciones surjan. Es la pasión lo que hace que las barreras se rompan, que los retos se cumplan; que los límites se conviertan en peldaños para alcanzar la excelencia.

Pero claro, el exceso de pasión también es peligroso. La historia de la humanidad está plagada de crímenes y guerras, todas son producto del apasionamiento excesivo. Cuando la pasión se desborda, se exageran las emociones, la sobre reacción genera agresividad. Sólo importa aquello que nos apasiona y somos capaces de afectar el resto con tal de obtener la satisfacción que se busca. El apasionamiento genera comportamientos obsesivos; las adicciones son el resultado en un gran número de casos. El síndrome de *burnout* (saturación por exceso de actividad, la persona se "quema" y "truena", como un fusible en un equipo eléctrico) es consecuencia del apasionamiento.

Lograr el equilibrio entre la Apatía y la Pasión, significará el desarrollo de habilidades que permitirán la eficacia en las relaciones y en el trabajo. Entre los beneficios se encuentran:

- Capacidad de escuchar a los demás.
- Capacidad del diálogo que permite la construcción de relaciones ganar-ganar y de un futuro satisfactorio.
- Capacidad para conciliar y resolver conflictos, tanto de tipo personal como laboral.
- Capacidad para realizar propuestas que representen beneficios múltiples.

- Facilita la apertura y disposición al aprendizaje; incluso a desaprender aquello que ha dejado de ser vigente.
- Apertura para percibir el entorno y adoptar los cambios que se requieran.
- Capacidad de emprender proyectos e iniciativas que significarán oportunidades de desarrollo y mejora tanto a nivel personal como organizacional.
- Capacidad de aceptar los propios errores y aprender de ellos.
- Habilidad para construir, a pesar del entorno y de las condiciones.
- Optimismo para enfrentar el día a día.
- Habilidad y capacidad para tomar decisiones trascendentes.
- Capacidad de Perdonar faltas, errores y agresiones, ya sea de tipo personal o laboral.
- Tolerancia y apertura para poder aplicar los equilibrios para la Excelencia

Alcanzar el equilibrio entre la Apatía y la Pasión, permite alcanzar la estabilidad emocional que se requiere para enfrentar los vaivenes de la vida familiar y laboral. Le da la justa dimensión a las cosas, sin que se menosprecien o maximicen los aspectos, comportamientos y acciones de cada evento. Se podría decir que éste es el "Equilibrio de Equilibrios".

La práctica de este equilibrio implica estar despiertos, alertas, ser conscientes de lo que pensamos, sentimos y expresamos, ya sea con acciones u omisiones, al hablar o quedarnos callados.

En lo personal no me ha sido sencillo, es un reto del día a día. Al iniciar la práctica de este equilibrio, me imaginaba caminando en la cuerda de la vida. Si me dejaba llevar por la pasión, me desbalanceaba y corría el riesgo de caer. Descubrirme apático significó un mayor esfuerzo, la apatía adormece los sentidos y te resta capacidad de autocrítica. Me es más difícil recuperarme de la apatía antes de caer; lo más común, es que me descubra en el piso y deba volver a subir a la cuerda floja. La ventaja es que normalmente el daño de la apatía es personal y cuando afectas a otro el daño fue por omisión; así que es más sencillo que la otra persona acepte tus disculpas y te de una segunda oportunidad. Lo anterior es más complicado cuando te dejas llevar por la pasión y agredes o lastimas a otro, en especial a aquellos a quienes amas.

Durante mi ejercicio profesional, he estado en procesos de recorte de personal masivos e individuales. La mayoría de los casos por necesidades de negocio, terminación de proyectos y por cierre de operaciones. Además he realizado el proceso de rescisión de la relación laboral en situaciones de bajo desempeño o por incumplimiento grave de normas o de la ética en el trabajo. En todos los casos, pude constatar la importancia del equilibrio entre la Apatía y la Pasión. En más de una ocasión pude comprobar el cómo "cargarte" hacia un lado o el otro, genera en la persona que está en medio del proceso una reacción negativa y, generalmente, agresiva hacia tu persona o hacia la organización. En cambio, cuando te mantienes en equilibrio, eres capaz de escuchar a la otra parte y de decir las cosas, por más fuertes o crudas que sean, de una forma respetuosa y empática; lo cual la otra persona termina agradeciendo sinceramente.

A continuación un caso que refleja la importancia de este "equilibrio de equilibrios".

> En uno de los centros de distribución se presentó una crisis debido a un virus informático que invadió la red y afectó una serie de transacciones y registros importantes; además de que se generó un envío masivo a los contactos de las computadoras afectadas. Al realizar el proceso de limpieza y "vacunación" de los equipos se detectó que en la computadora del personal de vigilancia se encontraba una cantidad considerable de accesos a sitios de pornografía y que el virus que infectó la red se encontraba en más de uno de los archivos de esa computadora. Debido a que los vigilantes rotaban los turnos y realizaban rondines periódicamente, no era sencillo identificar de inmediato al responsable; por ello, di la instrucción al personal de sistemas (IT) que realizara la limpieza al 100% del equipo. No se realizó bloqueo alguno, ni se limitó el acceso a internet. Sin embargo, se revisaría el registro de accesos a internet todos los días al finalizar

los turnos de los vigilantes; tarde que temprano identificaríamos al responsable.

Al segundo día, el técnico de sistemas me comunicó que la computadora de vigilancia se encontraba nuevamente con registros de accesos a sitios para adultos. Al obtener las imágenes se identificaron los periodos en los que se había ingresado a dichos sitios. Las horas coincidían de manera contundente en uno de los vigilantes. No había duda de que no solamente no estaba cumpliendo con su trabajo, sino que estaba utilizando el equipo de la empresa para fines que estaban claramente identificados como causa de terminación de la relación laboral.

Preparamos el papeleo correspondiente y recibí al vigilante para hacerle saber la decisión y mostrarle las evidencias de su falta. Su reacción primero fue de sorpresa, después de indignación y pasó a la agresividad. Argumentó que todos los vigilantes lo hacían y que él estaba siendo el único castigado. Dijo haberse imaginado que algo así pasaría, ya que desde que yo lo había visto me había caído mal (esto lo mencionó por haberlo reprendido un par de meses antes por no portar su identificación en la forma correcta). Manoteaba, gritaba y en cierto momento se levantó y rodeo mi escritorio señalándome y amenazando con negarse a firmar el acta de rescisión y hasta con demandar a la empresa por despido injustificado.

Afortunadamente, supe mantenerme en equilibrio y, si bien permanecí sentado, le advertí que nada de lo que decía iba a poder hacer si no se sentaba nuevamente. Debe haberlo interpretado como una amenaza verdadera; ya que se alejó y aunque no se sentó, disminuyó el volumen de su voz. Le dije que estaba en su derecho de no firmar el acta y que incluso tenía el derecho de demandar a la empresa; así que si eso era lo que quería hacer, se lo iba a facilitar. Llamé a uno de mis colaboradores, un joven delgado que al llegar abrió los ojos y me miró preocupado al ver la actitud agresiva del vigilante. "Te voy a pedir que me firmes como testigo de que estoy notificando al vigilante de las faltas que cometió y que testifiques que en ningún momento le he faltado al respeto y que este proceso se realiza conforme a los reglamentos y leyes laborales correspondientes". El vigilante soltó una maldición y salió como energúmeno de la oficina.

Lo alcancé en la salida del edificio; estaba discutiendo con otro de los vigilantes y hasta acusándolo de ser cómplice del complot en su contra. Con voz firme lo llamé por su nombre y le dije que si salía del edificio, ya no podríamos tratar el asunto entre nosotros y que debería de realizarse el proceso ante la autoridad laboral. Además, que el dinero que le correspondía por el tiempo laborado y pendiente de pago, así como sus partes proporcionales se depositaría con la autoridad y probablemente pasaran algunas semanas, si no es que meses, antes de que pudiera tener acceso al mismo. -"Es tu decisión; ya estás en el fondo, no le escarbes más"- le dije con firmeza y a manera de consejo. Se quedó mirando a su alrededor; ahora ya había casi diez personas mirándolo fijamente. Lo invité a regresar a la oficina y poder completar el proceso. Movió la cabeza afirmativamente y me siguió hasta la oficina.

Al llegar se sentó y empezó a llorar; me pidió ayuda, que pensara en su esposa y sus hijos, que necesitaba el trabajo. Aceptaba haber entrado a esos sitios de pornografía; pero que me juraba no volver a hacerlo; que incluso se convertiría en mi espía para encontrar a los demás que hacían lo mismo. Lo escuche en silencio, esforzándome porque percibiera mi empatía, pero al mismo tiempo que fuera evidente que no había marcha atrás en su salida de la empresa. Le dejé claro que no podía pasar por alto una situación así. Que su función era la de resguardar los bienes de la empresa, que su posición requería de la confianza en su persona y que había fallado totalmente. Respecto a su familia, le dije que no me pidiera a mí lo que él no estaba dispuesto a darles. El que debía de pensar en su familia era él. Mi respuesta fue en tono suave, pero contundente. El vigilante se enjugaba las lágrimas y repetía que lo ayudara.

Le ofrecí que firmara su renuncia voluntaria, con el fin de que cuando nos solicitaran referencias de él, en el sistema quedara registrada su salida de esa forma. Aceptó. Procedimos a la firma del documento correspondiente y la entrega de los cheques que le correspondían. Se había tranquilizado, pero continuaba pidiéndome que lo ayudara. Llamé a mi joven colaborador. Abrió la puerta de manera cautelosa, no se atrevió a entrar. Le pedí que me pasara los datos de las agencias de contratación. Además que si sabía de alguna vacante de vigilante – O de mensajero. –me interrumpió el acongojado vigilante; yo confirmé a mi colaborador que si había alguna de esas vacantes se comunicará con él para que pudiera aplicar a ellas. Mi colaborador asintió y cerró la puerta para cumplir con mi encargo. Esperamos un par de minutos y regresó con dos papeles en la mano. En uno estaban los datos de las agencias de contratación y en otro dos vacantes para vigilantes en un par de empresas. Los tomé, y se los entregué al ya resignado vigilante.

Me levanté le desee suerte y le recordé que pensara en su familia cuando consiguiera nuevamente trabajo. Me estrechó la mano y mirándome a los ojos me agradeció y prometió que así sería. Afuera de mi oficina estaba el supervisor de seguridad, el cual, si bien estaba enterado del proceso; le habían notificado de la actitud agresiva del vigilante y estaba en posición defensiva y alerta. Lo saludé y le dije que todo estaba bien, que lo acompañara a la puerta. Nuevamente estreché la mano del vigilante y volvió a agradecerme la ayuda.

Mi colaborador estaba impresionado por la forma en que se había transformado la situación. No podía creer que un momento antes parecía que iba a golpearme y después hasta me agradecía haberlo corrido. "Yo no lo corrí –le dije, –simplemente cumplimos las reglas. Recuerda que para que haya pleito se requieren dos; como yo no quería pelear, a él no le quedó más remedio que comprenderlo y actuar de manera diferente".

El haberme mantenido equilibrado, manteniendo mi interés en él (evitando la apatía) y no engancharme en su reacción agresiva (apasionarme demasiado); fueron los ingredientes para que todo saliera como debía de ser.

Alrededor de seis meses más tarde, al realizar unos pagos en una plaza comercial, me topé con aquel vigilante; iba con su esposa y dos niños, uno en brazos y otro como de tres años; me saludó y me presentó con su esposa como el que le había conseguido el trabajo que actualmente tenía. –Ya soy supervisor – me dijo con orgullo. –Aprendí bien la lección y nunca se me va a olvidar lo que usted me dijo.

Como ya mencioné al principio de este capítulo, en el Equilibrio entre la Apatía y la Pasión, se encuentra el secreto de la estabilidad emocional. Es aquí en donde se encuentra "la receta" para que las relaciones humanas perduren de manera positiva y productiva. Además, lograr el dominio de este equilibrio, genera paz interior y permite enfrentar "las altas y las bajas" de la vida con entereza y sabiduría,

En el caso del vigilante que veía pornografía, el equilibrio entre la apatía y la pasión evitó que mi trato hacia él fuera agresivo o distante. No es algo sencillo mantener la calma ante una persona agresiva; pero hay más posibilidades de un resultado productivo si se logra; que al caer hacia uno de esos extremos.

Si bien he vivido muchas experiencias relacionadas con este equilibrio, prefiero aprovechar este espacio para que reflexiones en los aspectos que se ven afectados, o alterados, por los extremos de la apatía y el exceso de pasión. No se trata de derivaciones directas, sino más bien de "daños colaterales" que pueden ocasionarse por la influencia de estos dos antagonismos.

Tampoco es mi intención sermonearte, ya que yo mismo no "estoy libre de pecado"; es por eso que sólo mencionaré algunos de los extremos y te invito a que hagas un alto en cada uno de ellos para que ubiques qué tan equilibrad@ te encuentras. Para facilitarte el proceso, colocaré una línea entre ellos, la cual podrás aprovechar para poner una marca que te permita visualizar en qué punto te encuentras.

Se honest@, nada hay más peligroso que engañarse uno mismo.

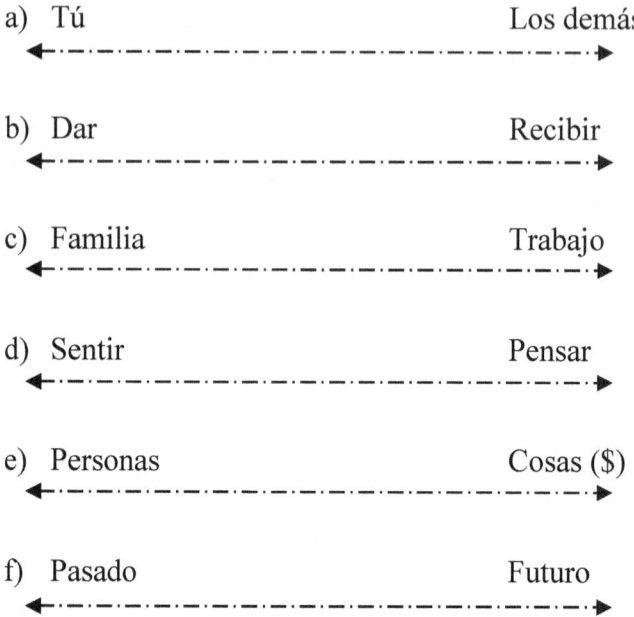

Por favor no lo tomes a la ligera, si el momento no es el correcto, regresa después a esta página y profundiza en cada uno de los extremos. Recuerda que de ello depende tu estabilidad emocional y tu capacidad para poner en práctica el contenido de este libro.

Si estás equilibrado en los extremos anteriores, deja un rato la lectura y date un merecido premio.

Si este ejercicio te ha generado "señales de advertencia", entonces habrás encontrado el camino para la estabilidad emocional y, por consecuencia, sabrás qué es lo que tienes qué hacer para lograr el equilibrio en tu vida.

Dominar el equilibrio entre lo que "no te importa" y aquello "por lo que darías la vida", no es algo que se logre de un día para otro; es una conciencia que se fortalece momento a momento, día a día, persona a persona. No te desesperes si descubres que tienes cierta inclinación hacia alguno de los extremos; lo importante es la conciencia de equilibrio que estarás desarrollando. Tú sabrás hasta qué punto te es sano llegar.

En los equilibrios de excelencia de este trabajo, encontrarás más elementos que te permitirán saber cuándo te inclinas hacia un extremo y estás en riesgo de caer de la cuerda floja, incluso, si caes; la vida te permitirá volver a intentarlo; sólo recuerda que no somos eternos y que la vida también encuentra su equilibrio en la muerte.

No dejes para después lo que puedes iniciar hoy, dejarlo para mañana puede ser que ya no te sea posible.

Si lo deseas, utiliza este espacio para tus reflexiones. Es de mucha ayuda poner en blanco negro los pensamientos, propósitos y acciones para mejorar.

Escuchar y Hablar

En el capítulo anterior mencioné que la capacidad de escuchar a los demás era uno de los resultados del equilibrio entre la apatía y la pasión. Sin embargo, considero importante enfatizar la importancia del equilibrio entre Escuchar y Hablar. De este equilibrio depende la comprensión, la comunicación y el diálogo efectivos.

Equilibrio 6 Escuchar y Hablar

Es muy común encontrar personas que escuchan, pero no hablan, y viceversa. Los primeros se encierran en sí mismos y no expresan lo que sienten o piensan, limitando la posibilidad de lograr acuerdos y aportar alternativas que la otra persona no ha visualizado. Es común que esas personas que se quedaron calladas, después se quejen de las acciones tomadas; se convierten en víctimas que no asumen su responsabilidad por no haber externado lo que pensaban en el momento adecuado.

Debo aclarar que no se trata de los casos en los que no hablar es parte de una estrategia de negociación o cuando se utiliza para evitar que un conflicto crezca. Tampoco me refiero a los casos en los que no se tiene nada que decir. Se trata de que, cuando una persona tiene algo que decir y que el momento y el lugar son los correctos, no habla y prefiere guardarse para sí mismo, lo que podría ser una aportación de valor que, probablemente, hiciera la diferencia.

Las causas de porqué las personas se limitan a escuchar y no expresan lo que piensan, pueden ser muy diversas y no es mi intención profundizar en ellas; el objetivo es señalarlo como uno más de los extremos que limitan la *bienvivencia* y la contribución a una cultura organizacional de excelencia.

En el otro extremo se encuentran aquellos que hablan, pero que no escuchan. Las razones también pueden ser muchas, pero lo fundamental es que, en la mayoría de los casos, se pierde la objetividad y la efectividad de la comunicación.

La comunicación efectiva depende de la retroalimentación, es decir, de la verificación que el mensaje haya sido recibido de manera correcta por el interlocutor. Si sólo se habla, pero no se presta atención a lo que el receptor expresa, entonces el emisor no podrá garantizar que su mensaje fue recibido como él esperaba.

De hecho me voy a permitir ampliar el concepto de *Escuchar* y que no se limite a "oir" lo que dice la otra persona. Escuchar hay que entenderlo más como *"Percibir"* al otro. Es decir, estar atento a sus reacciones cuando hablamos. Escuchar/Percibir nos permitirá darnos cuenta de que la otra persona está comprendiendo el mensaje; si la forma y contenido son los adecuados para la persona a la que nos dirigimos; y, tal vez lo más importante, seremos conscientes de que el momento y el lugar son los adecuados para decir lo que queremos. Esta es la razón por la que se dice que "hay gente que oye; pero que no escucha".

Una persona que habla, pero no escucha, está centrada en lo que quiere decir, cómo lo quiere decir y cuándo lo quiere decir. Se trata de una transmisión de información en un solo sentido. En estos casos es común que se culpe a los demás por su testarudez, incapacidad o hasta incompetencia; al presentarse problemas por no ejecutarse las acciones como se habían "comunicado".

La efectividad de la comunicación es responsabilidad del emisor. Asumir esa responsabilidad en el momento de ser emisor de una idea, instrucción, o mensaje de cualquier índole; permitirá asegurar que el proceso de comunicación se cumpla al cien por ciento. Para ello es conveniente utilizar técnicas de retroalimentación para asegurar que el mensaje se haya recibido con la mayor eficacia posible.

Una de esas técnicas es el parafraseo, la cual consiste en solicitar que se repita, en las palabras de la otra persona, el mensaje que acaba de recibir. Es claro que el parafraseo sólo puede funcionar si existe un equilibrio entre escuchar y hablar.

En esta época en que los medios de comunicación presentan avances tecnológicos impresionantes; no deja de ser paradójico que hacia el interior de las organizaciones la efectividad de la comunicación no se haya mejorado de manera sustancial. De hecho, ahora hay más "distractores" que se convierten en "ruido y hasta en barreras" de la comunicación.

Es por ello que a mis clientes recomiendo la *complementariedad de medios de comunicación*. Es decir, ante tanta diversidad de medios, es más efectivo asegurar la retroalimentación y garantizar que el mensaje llegue de la manera más completa posible.

Si se manda un correo y no se tiene una respuesta que confirme la lectura del mismo (no me refiero a la respuesta automática de "correo leído"; ya que ésta puede generarse al pasar sobre el mensaje, pero no asegura que la persona realmente lo leyó), entonces se envía un mensaje de texto y/o se realiza una llamada de confirmación. Es muy común que las personas asuman que al enviar el correo es una tarea cumplida. He impartido numerosos talleres de efectividad en la comunicación, en donde la queja general es que se manda un correo justo antes de la reunión y el emisor se justifica diciendo: "ya te envié el correo".

El correo electrónico, los mensajes de texto, incluso las llamadas telefónicas son solamente medios, no son el fin de la comunicación.

Cuando afirmo que la comunicación es responsabilidad del emisor, es de verdad. Es común que un emisor no tome en cuenta aspectos como el momento y la forma en que transmite un mensaje. Se dan instrucciones sin asegurar que la otra persona "retenga" la información o solicitud recibida. "Más vale una mala nota que una buena memoria", decía mi abuelo que en paz descanse; y tenía absoluta razón. Por eso se vale solicitarle al receptor que tome nota; es más, hay que pedirle que lea lo que escribió parta asegurar que no se omite nada. Sé que en nuestra cultura pedirle al otro que repita o que lea lo que escribió, se considera "invasivo", implica que se "duda de su capacidad"; pero no hay que olvidar que de ello depende el resultado y, probablemente, el futuro de la relación.

> En una ocasión, mi esposa me pidió que comprara kilo y medio de jamón. Me hizo la solicitud mientras manejaba en una tarde lluviosa y un apretado tráfico de viernes por la tarde, además de que ya era tarde y

era ella la que debía llegar a tiempo a un evento en su trabajo. Habíamos acordado que la llevara a su trabajo y la esperaría en un café leyendo o trabajando en mi laptop. Dado que durante el trayecto surgió la necesidad de la compra del jamón, el cual sería uno de los elementos fundamentales para una comida en familia del día siguiente, mi plan de pasar una rica tarde lluviosa en un café, pasaba a segundo término, lo cual no me generó entusiasmo en lo absoluto.

La dejé en su trabajo y me dirigí al supermercado para comprar el jamón. Dado que en mi plan original no estaba la compra del jamón, bajé del carro con la preocupación de que mi laptop no se viera desde el exterior y que pudiera ser el motivo de que me robaran el auto o rompieran un cristal para extraer la computadora. No se trataba de una preocupación sin fundamento; ya que en esa zona se habían presentado incidentes de ese tipo recientemente. Con esa preocupación en mente, entré a la tienda de autoservicios lo más rápido posible y compre medio kilo de jamón.

Si usted ha puesto la debida atención, se habrá dado cuenta de que lo que compré no correspondía a lo que ella me había pedido.

Cuando salió de su trabajo me preguntó si había comprado el jamón, a lo que respondí que sí, que había sido lo primero que había hecho. Pasamos por mis hijas y después de las diez de la noche llegamos a casa.

La crisis generada por no haber comprado la cantidad correcta de jamón, por mi falta de atención a *TODO* lo que ella me decía y... bueno por todo lo que se puede decir cuando un esposo no escucha a su esposa; justifican ampliamente que, a partir de ese evento; hayamos acordado que, cuando me solicita comprar algo en el camino, me mande un mensaje de texto y, si es urgente, me llame para confirmar que lo he recibido y aclarar cualquier duda al respecto.

Créame cuando le digo que la complementariedad de medios de comunicación, la verificación del mensaje recibido, y que el emisor asuma la responsabilidad de la efectividad de la comunicación; pueden salvar cualquier prueba... hasta en el matrimonio.

> Durante un curso de moldes de inyección, en el que fui elegido de emergencia como traductor, me encontraba traduciendo los comentarios del instructor al cierre de la sesión. Mi traducción se refería a una posible visita al día siguiente a un gran "molde", que de seguro nos iba a gustar mucho, ya que en el viaje del año pasado de sus papás, los cuales venían de Europa, los había llevado a conocerlo y habían quedado encantados.
>
> Mi proceso de traducción era tan automático, que no me di cuenta de la falta de coherencia de lo que había

traducido. Por fortuna, me percaté (Escuché/Percibí) de las miradas de extrañeza y confusión de los participantes. Eso fue lo que me obligó a solicitarle al instructor que repitiera su comentario. Gracias a ello pude aclarar que no se trataba de un molde (mold); sino de una plaza comercial (mall). Entonces todo tuvo sentido y pudimos cerrar la sesión, sin poder olvidar la imagen que generé en los participantes del curso, de los papás del instructor encantados por venir desde Europa a conocer el "gran molde".

Hace algunos años, cuando mis hijas tenían cinco y tres años, al entrar al cuarto de baño descubrí una frase escrita en la pared. Molesto por encontrar "grafiti" en mi propia casa; llamé a mi hija mayor y empecé a regañarla por no respetar la pared de su propia casa. Mi esposa y mi hija menor se acercaron a escuchar el regaño. Mientras mi esposa reforzaba y enfatizaba lo incorrecto de escribir en la pared, mi hija mayor lloraba y lastimosamente repetía que ella no había sido la culpable. Entonces, observé (Escuché/Percibí) la expresión de temor de mi hija de tres años; miré la escritura en la pared: era firme y con trazos definidos, no parecía la letra de un bebé de kínder. "¿Fuiste tú hija?" Le dije interrumpiendo el regaño de mi esposa, que ya estaba en la etapa de los castigos. Mi hija pequeña movió afirmativamente la cabeza con su culpable manita en la boca.

> Le dije que debía limpiar la pared y pedirle disculpas a su hermana por que había recibido la regañada por algo que ella había hecho, y que no la castigaba porque... tenía una hermosa letra.

Escuchar/Percibir y Hablar es un equilibrio poderoso. Es una habilidad que se desarrolla día a día y que debe practicarse con entusiasmo. Caer en los extremos limitará nuestra capacidad de comunicación con las personas que amamos, con las que trabajamos y a quienes debemos rendirles cuentas.

En el ejercicio profesional y en especial cuando se tiene personal a cargo, este equilibrio es crítico para la adecuada gestión y aplicación de liderazgo.

Escuchar/Percibir es una habilidad fundamental de un buen líder, jefe, gerente o director. Si esta habilidad no se practica de manera consistente, se cometerán errores en la delegación, la asignación de tareas y en la retroalimentación, ya sea positiva o negativa de los colaboradores.

El equilibrio entre Escuchar y Hablar en la función de líder tiene, entre muchas, las siguientes ventajas:

- "Saber" cuando la otra persona ha comprendido el mensaje o instrucción que se le acaba de dar.
- "Percibir" la reacción de los demás ante una situación particular.

- "Detectar" a las personas que requieren de mayor información o una forma de explicación diferente.
- "Evaluar" el impacto que la información ha generado en los demás.
- "Medir" si el tamaño de la asignación es congruente con la capacidad de la persona. En este punto, lo más común es que la tendencia de los jefes sea en asignar tareas "pequeñas" que no capitalizan el potencial de sus colaboradores; pero también sucede que "se aplasta" al colaborador con una asignación que va más allá de sus posibilidades; generando frustración y afectando la autoestima.
- Apertura para que los colaboradores "se atrevan" a expresar aquello que les preocupa respecto a la tarea asignada. Es un hecho que los colaboradores saben con mayor precisión el estado real de las cosas. Un error común de los jefes es no escuchar los argumentos, experiencias y, en algunos casos, los riesgos que sus colaboradores identifican para ejecutar una instrucción dada. El resultado es que las cosas se "hacen como el jefe dijo", sin que se haya asegurado la efectividad y contribución a los objetivos de la organización.
- "Prevenir" las consecuencias que se generarán entre las relaciones de los colaboradores. Cuando el jefe conoce a sus colaboradores puede anticipar las reacciones de éstos ante la asignación de tareas, realizar cambios, o en la toma de decisiones relacionadas con su entorno.
- "Reconocer" la contribución de sus colaboradores al logro de los objetivos. En el entorno laboral, es común

escuchar a los trabajadores quejarse de que sus jefes "no los motivan"; lo cual es un reflejo de la falta de escucha y percepción del líder. Al practicar el equilibrio entre Escuchar/Percibir y Hablar; un jefe no solo podrá identificar las aportaciones de su gente; sino que sabrá de qué manera reconocerlas para que ellos se sientan "verdaderamente motivados".

En los procesos de coaching con jefes que hablan demasiado y escuchan poco; hacerlos conscientes de este equilibrio les permite auto-regularse y desarrollar un mayor control al hablar y una mayor disposición a escuchar a sus colaboradores. Como todos los equilibrios de excelencia; no es algo fácil; pero sí posible.

Pensar y Ejecutar

Se podría inferir que el equilibrio entre Pensar y Ejecutar, es aplicable sólo al entorno laboral; sin embargo, la realidad es que aplica también al familiar o al hogar. Los extremos que este equilibrio genera, seguramente se podrán encontrar en cualquier entorno y reflejará mucho del estilo que una persona tiene para enfrentar una situación y/o realizar una actividad cualquiera.

Pensar demasiado, puede llegar a detener la vida de una persona, no sólo en aspectos de trabajo, sino en sus relaciones personales y familiares. Este extremo está ligado a un estilo introspectivo que realiza evaluaciones al máximo de las posibilidades que un suceso genera. Algo que es común en estas personas es que, como es natural en la mayoría de los seres humanos, se concentran en los aspectos negativos o en los riesgos de esas posibilidades; provocando estrés, ya sea por presión o tensión, que podría llamarse "virtual". Es decir, se preocupan demasiado por algo que, si bien es una posibilidad, no significa que sea real.

Equilibrio 7 Pensar y Ejecutar

En el trabajo se refleja este extremo en personas que dedican mucho tiempo al análisis y a la planeación; lo cual puede ser positivo y de alto valor agregado; pero llevado al extremo se traduce en parálisis, lo que en un entorno global tan dinámico y cambiante, puede resultar que, cuando al fin se decida actuar, será demasiado tarde.

Cuando se piensa demasiado, será casi imposible tomar un riesgo. Las personas que viven en este extremo, esperan contar con *TODOS* los elementos para tomar una decisión, tienen demasiadas preguntas y requieren de tiempo para completar las respuestas; lo cual, en la dinámica laboral actual, no es común contar con mucho tiempo para analizar todas las posibles opciones.

Otra característica que puede observarse en las personas que piensan demasiado, es que se centran de manera exhaustiva en los detalles; el perfeccionismo se convierte en una desventaja o al menos en una fuente de preocupación constante, que puede incluso producir angustia, no solo para ellos mismos, sino para las personas de su alrededor.

> En una empresa de telecomunicaciones que se encontraba en medio de una fusión entre un corporativo estadounidense y otro europeo, las diferencias culturales entre ellos generaron un entorno de pensamiento excesivo. Se dedicó demasiado tiempo para establecer planes detallados de trabajo, reglas de colaboración, de comunicación; esquemas de medición y control, etcétera.
>
> Había demasiadas diferencias que resolver, lo cual generó una situación de temor ante los riesgos de una mala ejecución. Aquello que se temía, se volvió una realidad.
>
> Mientras la empresa fusionada, se "ponía de acuerdo"; la competencia desarrolló nuevos productos; surgieron nuevos estándares tecnológicos, que; cuando ya estábamos listos para actuar, era demasiado tarde.
>
> La fusión fracasó y ambas empresas perdieron su posicionamiento en el mercado y fueron otros los que aprovecharon la oportunidad y se beneficiaron del enorme crecimiento comercial de la telefonía celular.

Durante una de las sesiones de trabajo con un diseñador de páginas web; me compartió una experiencia que tuvo con uno de sus Clientes.

Al parecer se trataba de un Cliente perfeccionista en extremo que buscaba que su página de internet fuera de la máxima calidad. El proceso de construcción de la página web había sido complejo, largo, de hecho extremadamente largo, frustrante (probablemente no sólo para el diseñador, sino también para su cliente) y, había dejado de ser rentable (dado la enorme cantidad de tiempo dedicado a los detalles y que el cliente consideraba como parte de un trabajo de calidad por parte del diseñador).

Durante una de las últimas sesiones, el cliente le indicó que un texto debía estar "ligeramente" más hacia la derecha para que "hubiera más impacto visual" entre el texto y las imágenes. El diseñador lo "jaló" hacia la derecha. El cliente frunció el ceño y expresó que había sido demasiado. El diseñador lo recorrió un poco hacia la izquierda. El cliente expresó que aún no estaba en el lugar "preciso". El diseñador respiró profundo e hizo una serie de "ligeros movimientos" con el mouse arrastrando con ello el desubicado texto. Al finalizar miró al cliente, quien le expresó su satisfacción y le pidió que observara la "enorme diferencia y lo mucho que había mejorado".

Lo que el cliente nunca supo fue que el diseñador había dejado el texto, exactamente en el lugar original y los casi 20 minutos dedicados a ubicar el texto no habían aportado ninguna diferencia.

En una cena con la familia de un colega dedicado a la capacitación, surgió el tema de las actividades extraescolares de mis hijas. Señalaron la falta de consideración de mi esposa y mía propia, hacia la necesidad de que los niños "vivieran" una niñez "apacible", libre de presiones y de estrés innecesarios.

Su argumento se basaba en el hecho de que mis hijas asistían a la escuela por la mañana y por la tarde a una escuela de natación, dos veces a la semana, y tomaban clases de tenis otros tantos días; además los sábados por la mañana tomaban clases de inglés.

Sus hijos en cambio, disfrutaban de su niñez sin "presiones y exigencias", asistiendo solamente a la escuela entre semana.

-"No están dejando que crezcan poco a poco. Cuando sean grandes mis hijos, ellos decidirán qué desean estudiar y yo estaré satisfecho por haberles facilitado las cosas en su niñez"- Remató su argumento con aire paternal y preocupado sinceramente de no "saturar" a sus hijos con actividades adicionales a la escuela primaria.

Debo decir que mis hijas, tenían excelentes calificaciones en su escuela, disfrutaban de las clases de tenis y les encantaba el agua, así que nadar era un disfrute para ellas. Respecto al inglés, reconozco que había días, en los que preferían quedarse en cama que ir a la escuela de idiomas; pero al salir de su clase, siempre demostraban haber disfrutado de los compañeros y presumían lo que habían aprendido ese día.

Volviendo a la cena con mi colega; me quedaba claro que él estaba seguro que las actividades de mis hijas eran demasiadas y que pensaba que "forzar" a sus hijos a realizar tantas actividades, los presionaría demasiado. Como no era mi intención criticar la forma de educar a sus hijos; me esforcé porque mi respuesta fuera cortés; pero contundente: "Cuando tus hijos necesiten saber inglés y empiecen a estudiarlo, mis hijas ya lo hablarán".

El extremo de ejecutar

El otro extremo, el de la máxima ejecución, también es una fuente de estrés para quienes rodean a las personas que desean todo "para ayer". Aquellos que buscan que TODO esté en movimiento: *"Dormir, comer, descansar, son pretextos de los holgazanes"*.

El riesgo es algo con lo que se cohabita en este extremo. Se actúa sin pensar. No hay tiempo para detenerse y evaluar las consecuencias de los actos. No hay tiempo para medir los resultados. No hay tiempo para aprender. No hay tiempo para el orden. Sólo hay tiempo para hacer lo que se tiene que hacer.

Las respuestas sin pensar o automáticas son la forma natural de comunicación. Se "sueltan" las cosas y después habrá que arreglar los daños en las relaciones...pero como no hay tiempo para ello; las distancias se incrementan, provocando serias afectaciones en la colaboración y el trabajo en conjunto.

En este extremo se presentan las reacciones impulsivas que hacen que una persona renuncie a su empleo sin tener otro asegurado. Aquí se toman decisiones impulsivas, la mayoría argumentando buenas razones; pero que ponen en riesgo su estabilidad económica y, por consecuencia, la familiar y profesional. En mi experiencia me he topado con numerosos casos en los que las personas tienen que arrepentirse de la decisión y solicitan que "les sea permitido quedarse"; pero ya nada es igual; los jefes de las personas que renuncian de manera impulsiva, quedan con la incertidumbre de la próxima vez; con lo que la relación laboral, en la mayoría de los casos, no vuelve a ser como era antes, afectando con ello el desarrollo profesional de la persona.

Por otra parte, mientras que el perfeccionismo es la premisa de su contraparte; en este extremo las cosas se dejan a medias o sin terminar. Lo importante es que funcionen. Es común que no se tenga una conciencia de cómo se logró que funcionara; al no haber un método, cada ocasión es un "reto" y hay que resolverlo cuanto antes.

La imagen de las personas que "operan" en este extremo, es de gente muy trabajadora, pero poco efectiva. Siempre tienen cosas que hacer, pero sus resultados no corresponden a la energía dedicada. Es común que las personas realicen actividades "a la antigua" desaprovechando los recursos tecnológicos actuales. Un ejemplo es el uso de las hojas de cálculo en las que se desaprovechan las funciones de concentración y análisis de datos. También en los procesadores de texto, en los que no se utilizan herramientas como las llamadas de "Correspondencia" para automatizar la personalización de documentos. En general, las personas en este extremo son *sumamente trabajadoras, pero poco productivas*".

Estoy seguro que tendrás muchos ejemplos de este extremo en tu vida diaria, ya sea vividos de manera directa u observados a la distancia. La cultura de "bomberos" que se vive en la mayoría de las empresas refleja muy bien la enorme tendencia a caer en la ejecución a ciegas. Cuando en una organización las cosas son "para ayer" o cuando en una familia se enfatiza a la acción mediante el "tronido de dedos"; es una prueba evidente que se ha caído en este extremo.

Como "recordar es vivir" y la verdad mis experiencias de cuando "vivía" en este extremo sólo me provocaron un enorme estrés, que culminó con un padecimiento de colitis que estuvo a punto de hospitalizarme; prefiero que tú mism@ aportes tus experiencias al respecto.

Por ello compartiré una anécdota que escuché en una conferencia acerca de la importancia de generar tecnología en los países y las empresas; el director de uno de los organismos de desarrollo tecnológico más importantes del país, compartió lo siguiente:

> "En un periodo vacacional, mi familia y yo visitamos un pintoresco pueblito. Como es de suponer, visitar la plaza y el templo son paradas obligadas. Mientras mi esposa, su mamá y mis hijos admiraban los cuadros y la artesanía; mi atención se centró en un grupo de personas que discutían apasionadamente. Me acerqué a ellos para escuchar con mayor claridad. Logré entender que las fiestas patronales iniciaban al día siguiente y debían bajar al santo patrono de la iglesia para un recorrido por las calles del pueblo.
>
> "Me pareció una práctica interesante y le pregunté a uno de los emocionados lugareños, por qué en esa ocasión querían bajar al santo. Él hombre puso cara de "éste no sabe nada" y me aclaró que cada año el santo se bajaba y recorría las calles del pueblo, y que al final de las fiestas lo volvían a subir.
>
> "Pero, si lo bajaban cada año ¿cómo era posible que estuvieran discutiendo la forma de bajarlo ahora? El

hombre se encogió de hombros y me recomendó hablar con el señor cura.

"Me acerqué al sr Cura y le hice la pregunta: ¿Cómo era posible que si bajaban al santo cada año, ahora no supieran cómo hacerlo? El señor Cura puso cara de iluminado y dijo en tono angelical: -"Lo sé hijo, esto sucede cada año y bajarlo es un milagro".

Esta anécdota; refleja perfectamente el extremo de la Ejecución, en la que la Acción sin Razón es la premisa y cada resultado es un *milagro*.

En la práctica de la consultoría a empresas micros, pequeñas y medianas, lo anterior es un factor común. Al no establecer procedimientos de trabajo, "cada embarque se convierte en un milagro". Lo crítico es que, en muchos casos, los empresarios se resisten a "hacer un alto" y definir aquello que los ha hecho exitosos, con el fin de asegurar la repetición, la consistencia, y asegurar que, si llega un nuevo integrante a la organización, se le pueda explicar, demostrar y enseñar a hacerlo de la forma que debe realizarse y que tiene el "sello de la casa".

Lograr el equilibrio entre Pensar y Ejecutar, conlleva a beneficios por demás sobresalientes y que, sin lugar a dudas, se convierte en la fórmula para transitar el camino hacia la excelencia personal, profesional y organizacional:

- Permite la planeación objetiva y práctica.
- Evita el exceso de planes y la falta de acciones.

- Los planes se ejecutan, se miden y se establecen correcciones para la mejora.
- Los indicadores son guías para la acción.
- Se evita el perfeccionismo; pero se atienden los detalles, aspectos que son la esencia de la calidad.
- Se encuentra el equilibrio entre el "Micro y el Macro Management"; es decir: "Se atienden los árboles, sin perder de vista el bosque".
- Comprensión de la importancia de la capacitación, en todas sus variantes, para desarrollar nuevas habilidades y ser más competente y productivo.
- Se logra la "Productividad Personal", al manejar las actividades de manera efectiva, estableciendo prioridades y aplicando el principio de Covey: "Primero lo Primero".
- La prevención y la preparación para hacer frente a las contingencias, disminuyen el estrés generado por los imprevistos.
- Se evita-disminuye-elimina el síndrome del "bombero" o "apaga fuegos", en el que se vive de urgencia en urgencia.
- Permite el aprendizaje organizacional: se comparten las experiencias positivas y negativas, identificando los aspectos críticos que influyeron en el resultado.
- Se documentan los procedimientos con el fin de facilitar el aprendizaje de los nuevos elementos de la

organización; así como fuentes o referencias para asegurar la repetición y consistencia de las actividades.

En el aspecto familiar o simplemente en las relaciones interpersonales, lograr el equilibrio entre Pensar y Ejecutar se refleja en beneficios como:

- Evaluar la situación, antes de emitir una opinión, o peor aún emitir un juicio o aplicar un castigo.
- Pensar al hablar y decir lo que se piensa, tomando en consideración las consecuencias de hacerlo.
- Saber cuándo callar y cuándo expresar lo que pensamos o sentimos.
- Tomar una decisión, evaluando los antecedentes y las consecuencias.
- Arriesgarse y no temer al fracaso, pero si éste se presenta; aprender del mismo y volver a intentarlo con mejores probabilidades de éxito.
- Pensamientos realistas, evitando la preocupación excesiva.
- Hacer un alto para reflexionar y volver a disfrutar el camino de la vida.

Puede que sea un buen momento para que, si no lo has hecho ya, hagas un alto y reflexiones cómo te encuentras en la práctica del equilibrio entre Pensar y Ejecutar.

Cambiar y Permanecer

La vida es un cambio constante.

La frase anterior puede generar, para unos, emoción y expectativas positivas; para otros significa una amenaza que pone en riesgo su estabilidad personal, familiar y laboral.

En mi experiencia los cambios, por muy dolorosos que sean, son positivos. De hecho, en lo personal, considero que una vida, o un trabajo, en "donde nunca pasa nada", llegan a ser un "verdadero infierno" de rutina y aburrimiento.

Sin embargo, es claro que vivir constantemente en el cambio, será extenuante, desgastante y, tal vez lo más grave, no permite disfrutar de lo que se hace, se tiene o se ha logrado.

Es por ello que este Equilibrio de Excelencia, se ha convertido para mí en un compás de movimiento, transformación y, por qué no decirlo, de entusiasmo por la vida.

Es muy común que se hable de la "resistencia natural de las personas hacia los cambios"; incluso en la cultura popular existen dichos que refuerzan esta idea: "Más vale pájaro en mano que un ciento volando"; o "Más vale malo por conocido, que bueno por conocer".

En las organizaciones en las que he participado, me he topado frecuentemente con estas ideas. Las personas se aferran a lo conocido, a lo que ya se tiene "dominado". Cambiar es amenazante y genera inseguridad en los ámbitos en los que nos desenvolvemos.

No es mi intención profundizar en el manejo del cambio, ya que existe bastante información al respecto. Incluso el último libro de Eli Goldratt, trata el tema de manera magistral.

El extremo de Permanecer.

Según diversos estudios, el ser humano requiere de acción, movimiento, es decir del cambio para trascender. La rutina mata. Las personas que enfrentan la rutina en su trabajo, son poco creativas, no hay entusiasmo ni pasión por la actividad que realizan; les atemoriza aprender cosas nuevas; la tecnología es una amenaza constante. En el ambiente familiar, la rutina mata al amor y a la pasión. Se pierde la admiración y el respeto por la pareja; los días son lo mismo y hasta las festividades dejan de ser motivos de satisfacción.

En este extremo se vive por inercia, se trabaja por inercia, se está por inercia.

No existe ambición por un mejor sueldo; es decir, por supuesto que las personas se quejan de "lo poco que ganan"; pero no hacen nada para lograr un mejor ingreso. Están tan acostumbrados a realizar el mismo trabajo, que no se visualizan haciendo algo diferente. Se piensa que se "es demasiado viejo para aprender cosas nuevas"; esta frase la he escuchado de personas que apenas se encuentran pasando los treinta años. Incluso si asisten a una capacitación que su organización les ha proporcionado; la angustia provocada por la nueva información y, peor aún, descubrir que deben modificar la forma en que hacen su trabajo, genera un bloqueo absoluto para el aprendizaje, más aún, no están dispuestos a la aplicación de lo expuesto en la capacitación.

La adopción de una nueva tecnología se considera un peligro, incluso se asume como un riesgo personal. Para quienes vivimos el nacimiento de la era informática y la aplicación de las computadoras personales en los centros de trabajo, esto es más fácil de comprender. Recuerdo las miradas de angustia de las secretarias ejecutivas al ver reemplazada su máquina de escribir (manual, eléctrica o electrónica) por la PC.

> En un curso de mejora continua, el sexagenario dueño de una empresa fabricante de muebles, se refirió a las computadoras como "máquinas de escribir con televisión", que sólo servían para que la gente "jugara solitario en lugar de hacer su trabajo"; no fue hace mucho: era el año 2006 y las computadoras ya tenían

más de quince años de haberse convertido en la herramienta secretarial por excelencia.

Las personas "atrapadas" en el extremo de Permanecer, pasan la vida esperando "una señal"; algo que "los saque" del estado de mediocridad en el que se encuentran; porque saben que hay algo mejor para ellos; pero esperan que llegue sin que tengan que arriesgarse a perder lo que ya tienen. Saben, y se quejan, de que lo actual no les es suficiente; pero no tienen la energía, la disposición ni la intención, de iniciar el camino que los lleve a aquello que les genere la satisfacción que buscan.

En las relaciones personales, se acepta al otro, mejor dicho: se tolera al otro. Paradójicamente, se tiene la esperanza de que la otra persona cambie, a pesar de que uno no tiene la intención de cambiar.

Es en este extremo en donde las "víctimas" esperan y caminan pasivamente al cadalso. Han perdido la seguridad personal y se fortalecen al rodearse de personas que son víctimas del mismo mal; lo cual hace día a día, más difícil aceptar la necesidad de realizar un cambio personal.

En las empresas tradicionalistas, burocráticas o con cacicazgos sindicales; este extremo se percibe en la mayoría de las personas. Es por ello que los líderes de esas organizaciones se eternizan y mantienen su poder por encima de la "lógica" o de las incongruencias con el entorno tecnológico y competitivo local, nacional o hasta global.

Es claro que en este extremo se tienen "satisfacciones"; es "cómodo" permanecer en un entorno en el que nada cambia. Se aprende a vivir sin la exigencia de esforzarse por mejorar. Se disfruta ser "arrastrado" por la corriente, sin importar a dónde terminará...ya estando ahí seguirá se sentará a seguir esperando una señal.

El extremo de Cambiar

En este extremo, la dinámica es extenuante, las personas buscan "estrenar" y "probar" cosas nuevas, nada es suficiente para satisfacer su deseo de cambio. Si bien sus motivaciones pueden ser válidas como: la calidad, la productividad, la mejora continua y hasta la excelencia; el resultado es que nunca se dan el tiempo suficiente para lograr que lo iniciado se estabilice y logre el objetivo, siempre encuentran algo nuevo que sustituya lo anterior.

Si bien este extremo, tiene similitudes con el extremo de Ejecutar (del Equilibrio Pensar y Ejecutar revisado en el capítulo anterior), es importante señalar algunas diferencias y correlaciones fundamentales:

- El extremo de *ejecutar sin pensar*, puede realizarse en el extremo de Permanecer. Esto significará que la actividad que se realiza es "rutinariamente intensa". Las actividades o acciones se realizan de manera frenética; pero sin que se tenga un propósito de avance. La gente hace lo que tiene que hacer, no porque esté convencida de la importancia o trascendencia; sino porque es lo que "le toca" y "podría ser peor".

- Cuando el ejecutar sin pensar coincide con el cambio en exceso, la vorágine de actividades sin sentido se ve potenciada por la del cambio por cambiar. Es lo que podría considerarse la "tormenta perfecta".
- Cambiar no se enfoca a la actividad en sí misma, sino a la insatisfacción por lo presente; esta es la razón por la que las personas andan siempre en busca de "cosas nuevas", mismas que luego se convierten en "cosas viejas" y así sucesivamente.

Este extremo se ha visto fortalecido por la globalización y los enormes avances en las tecnologías de telecomunicación principalmente. En los ochentas y parte de los noventas, el concepto de "paradigmas"; alertó a los empresarios y directivos del riesgo de la "ceguera" de no ver las tendencias de lo nuevo; lo cual provocó una euforia por la innovación y el convertirse en "pioneros de paradigmas". Las empresas "punto com" vinieron a demostrar cómo un *cambio discontinuo*; podía llegar a generar multimillonarias ganancias de un día para otro.

Para los años posteriores al dos mil, la tecnología celular generó una revolución que hoy en día es uno de los artículos más vendidos en las tiendas departamentales; la razón es que un teléfono inteligente se vuelve "tonto" al surgir otro más inteligente seis meses, o menos, después del lanzamiento del primero. Hoy en día los teléfonos inteligentes abarcan funciones que van más allá de lo que un usuario común puede llegar a necesitar y en muchos casos no llegará ni a entender; pero ese mismo usuario cambiará a una versión de teléfono más nueva en un promedio de un año; ya que de no hacerlo se sentirá "obsoleto".

Tal pareciera que la modernidad ha provocado que este extremo sea más común y generalizado que en el pasado. Entre las formas que adopta se encuentran:

- Búsqueda incesante de nuevas experiencias. En ocasiones no se trata de algo necesario o que requiera la persona o la organización; simplemente es "lo nuevo", "la tendencia" o algo que aún no se ha experimentado.
- Adquisición de nuevas tecnologías, cuando las actuales ni siquiera se han aprovechado en un cincuenta por ciento de su potencial.
- Adaptación de teorías o prácticas organizacionales, por el sólo hecho de ser la novedad o la tendencia, sin que se conozca a fondo las condiciones que permitan la efectividad en un entorno como el propio.
- Demasiados proyectos; algunos incluso que se contraponen en lo esencial y evitan, por su propia naturaleza, la sinergia que permita su implementación y, por consecuencia, alcanzar los resultados deseados.

- Síndrome de "Todo es desechable": si se trata de un equipo, compra uno nuevo, no laves lo sucio, cámbialo por otro limpio. Incluso si se trata de gente, busca su reemplazo.
- En las relaciones personales la tolerancia se disminuye a un mínimo, provocando que ante una dificultad (a veces es la primera y ni siquiera se podría considerar, a los ojos de un observador objetivo, como grave o de vida o muerte), en lugar de dialogar, negociar y buscar un acuerdo positivo para las partes, la decisión sea "cortar por lo sano" y empezar de nuevo, buscando la relación perfecta.

El problema de estos cambios excesivos es que no permiten que lo nuevo "madure"; que alcance su verdadero potencial. Se queda a medias de su desarrollo natural, por lo que, incluso los beneficios aún no se han generado en el nivel que se esperaba. No es que lo nuevo no funcione, simplemente es que no ha llegado al punto óptimo para demostrar su funcionalidad. Esto aplica tanto a relaciones interpersonales, como a prácticas empresariales o equipamiento de alta tecnología.

> Durante un proceso de planeación estratégica en una empresa de artes gráficas, el director de operaciones enumeró los proyectos para el año siguiente: 37 proyectos que "harían que la empresa alcanzara la excelencia".

Cuando se reflexionó acerca de la importancia del Enfoque para lograr la Sinergia de la empresa y que facilitara el que todo el personal supiera con Claridad qué era lo que a la organización la haría exitosa; se determinaron 5 proyectos estratégicos.

El proceso para llegar de 37 a sólo 5 proyectos fue un arduo camino que el director de operaciones sufrió y que por momentos lo asumió como una afrenta hacia su persona. Se podría decir que incluso se convirtió en un "obstaculizador inconsciente" de la puesta en marcha de esos proyectos. La idea de que "más es mejor" y el descartar proyectos tan emblemáticos como "Lean Manufacturing", fueron sin lugar a dudas algunos de los paradigmas de ese director.

Durante la ejecución del plan estratégico en el transcurso del año, los resultados demostraron que el enfoque del personal hacia los 5 proyectos estratégicos fue total. Incluso los niveles operativos conversaban de "la estrategia" de la empresa con naturalidad. Al final del año la organización logró mejores resultados, tanto operativos como financieros. Incluso se pudo avanzar en la preparación de personal clave en lo que serían proyectos futuros para la persecución de la excelencia. Las herramientas de Lean Manufacturing se empezaron a aplicar de manera natural como un medio para cumplir los proyectos estratégicos, no como un proyecto en si mismo.

Equilibrio 8 Permanecer y Cambiar

Lograr el equilibrio entre Permanecer y Cambiar

Los beneficios de alcanzar el equilibrio entre Permanecer y Cambiar son, sin lugar a dudas por demás interesantes:

Aprendizaje continuo. "La vida es el camino" reza una frase popular; no se puede disfrutar del camino sentado en una piedra, viendo pasar a los caminantes, hay que caminar. Tampoco se puede apreciar el camino si corre uno todo el tiempo. Claro que la velocidad puede disfrutarse, pero se dejan de percibir demasiadas maravillas por ir tan de prisa. Al caminar se aprende, se dejan cosas que ya no agregan valor y se levantan aquellas que dan nuevo significado a la caminata y al camino en si mismo. La sabiduría se alcanza cuando es sencillo entender las señales del camino: cuándo detenerse y disfrutar del paisaje, cuándo moverse para ir a nuevos parajes. Cuándo caminar a solas y cuándo buscar la compañía de otros caminantes.

Conciencia del hoy y del mañana. Al encontrar el equilibrio entre Permanecer y Cambiar, la perspectiva del hoy y del mañana se transforman. Por un lado se disfruta del momento, del "ahora". El trabajo adquiere un significado diferente; ya no se trata de algo que se tiene que hacer; sino de algo en lo que se puede hacer la diferencia, no por los demás o por la organización; sino por uno mismo. "Si esto es lo que estoy haciendo lo haré lo mejor posible". El mañana se dimensiona y valora. Permite la visualización de una mejor perspectiva y se identifican los aspectos que se requieren para llegar allá. Por consecuencia se fortalece la importancia del hoy, de las decisiones y acciones que se deben realizar para llegar a donde se desea. El cambio es una decisión, no una condición. El cambio es un medio, no un fin.

Metas y objetivos. Alcanzar el equilibrio entre Permanecer y Cambiar, permite establecer metas y objetivos, personales, profesionales y organizacionales. Definir el tiempo para alcanzarlos, trazar el camino y las actividades que nos permitirán alcanzarlos. La velocidad dependerá de lo que se desea y de lo que se tiene. El tiempo dependerá del entusiasmo y los recursos que se vayan consumiendo o generando en el camino.

Energía vital. Mantenerse alejado de los extremos que producen Permanecer y Cambiar; producen una energía que algunos filósofos le llaman *"estar despiertos"* (*awareness* en inglés). La vida cobra sentido, se está en donde se quiere estar y se cambia cuando es necesario para mantener el sentido de la vida. Esta energía genera la fuerza para conservar lo que se ama (ya sea personas o recursos que más agregan valor si se trata de una organización), aún en condiciones adversas. Permite reconocer lo que requiere cambiarse y tener la fuerza para aceptarlo de manera constructiva, sin resentimientos ni arrepentimientos. Esta energía alimenta la actitud positiva, el compromiso y la lealtad; la tolerancia y también la asertividad para decir lo que se piensa y se siente.

El equilibrio entre Permanecer y Cambiar es el equilibrio de la vida misma. Es el que más impacto tendrá en las acciones y decisiones que tomemos. Podría decirse que es el equilibrio de Fondo para la excelencia.

> Mi abuelo me dijo una vez: "Para ser profesional no se requiere estudiar: Puedes ser el mejor taxista o el mejor jardinero y para ello no se necesita una licenciatura. Puedes ser el barrendero o el que recoge la basura; pero sé el mejor. Que la gente diga con entusiasmo: -¡Ahí viene Daniel, el de la basura!- Hay montones de Profesionistas; pero verdaderos profesionales, esos son los que hacen la diferencia".

Aquel consejo me ha acompañado toda mi vida laboral. En cada ocasión que he enfrentado complicaciones en mi trabajo; lo repaso en mi memoria y me ha ayudado a determinar si debo permanecer o es momento de cambiar. Si el permanecer me permitirá ser mejor y contribuir, entonces me quedo. Si permanecer amargará mi existencia y descubro que puedo llegar a convertirme en una "piedra en el zapato de la organización"; entonces es momento de cambiar.

En mi trayectoria laboral he pertenecido a organizaciones en donde la cultura era pobre y me encontraba rodeado de víctimas, de ellas me llevé lo que no se debe hacer. Si bien busqué, con mi trabajo "hacer la diferencia", el tamaño y fortaleza de su "oleaje organizacional" me enseñaron que hay personas para un tipo de organización y organizaciones para un cierto tipo de personas.

En otras organizaciones la cultura y el estilo de liderazgo me permitieron reconocer que siempre hay algo que aprender, que el cambio es lo único permanente y que dependía de mí el decidir si la velocidad era la que yo quería para disfrutar del camino. Al final, era mi decisión aceptar o no las condiciones.

Todas ellas me nutrieron de experiencias que han dado origen a este trabajo. En el camino he aprendido que La decisión de permanecer o cambiar es propia, no de los demás. La satisfacción por los resultados de esa decisión debe, sin excepción, ser positiva y haber generado la energía vital para enfrentar el siguiente momento decisivo. De la suma de esos momentos se construye el tipo de vida que uno tiene; ya sea que la sufra o la disfrute, esa es la vida que he construido en el camino.

Cada persona sabe cuándo ha llegado el momento de tomar la decisión de Permanecer o Cambiar; en ocasiones se toma el tiempo para evaluar las alternativas y en otras se deja pasar, con la esperanza de que las cosas cambien por si solas; de hecho esta es una decisión en si misma.

Si te encuentras en ese momento de tu vida, espero que estés en equilibrio para decidir si permaneces como estás, o haces un cambio para alcanzar la Excelencia que buscas.

Si tu decisión es permanecer, hazlo con entusiasmo y con energía para hacer que las cosas sean como tú las deseas; si la decisión es cambiar, entonces cambia, con optimismo y pasión (sin excesos, claro); lo importante es la satisfacción de que has hecho la elección que te parecía más adecuada. Sea cual sea el resultado final, disfruta el proceso… disfruta el camino… el camino es la vida… la vida es un cambio constante.

Líder Blando y Líder Duro

Cuando inicié este trabajo, el enfoque fue principalmente en el entorno laboral; sin embargo, al ir sacando mis ideas y experiencias, me percaté que no es posible desligar lo personal de lo laboral. Tal y como lo mencioné en el Equilibrio entre Apatía y Pasión; lograr el equilibrio entre la Familia y el Trabajo es fundamental para alcanzar la estabilidad emocional.

Es por ello que, si bien he dejado el título original de este capítulo, lo he colocado al final con la aclaración de que **en la sociedad del siglo 21 se espera que los padres de familia sean líderes para sus hijos**. Así pues, cuando en este capítulo me refiera al Líder; no se tratará solamente acerca de un director, gerente, supervisor o jefe en una organización; sino que también alcanzará a Papá y/o Mamá de una familia cualquiera.

La idea de este capítulo surgió durante un curso en el que uno de los participantes me pidió que abordara el tema del liderazgo; pero no desde la perspectiva de la teoría, los conceptos y las tendencias de gestión de personal; sino que lo explicara de manera sencilla para él y sus compañeros. Te imaginarás que todo el material que había preparado quedaba descalificado con la precisión de esa solicitud.

Así que en el pizarrón de la sala dibujé el siguiente gráfico:

Equilibrio 9 Líder Blando y Líder Duro

La sesión fue un éxito y los participantes agradecieron el que "tradujera" la teoría de los estilos de liderazgo a algo tan simple para saber y reconocer el tipo de líder que querían ser. La verdad de las cosas es que el agradecido fui yo, y así se los hice saber. Ahora te compartiré los aspectos que este "improvisado" modelo incluye.

El extremo del Líder Blando

En la actualidad, las prácticas coercitivas o consideradas de castigo, se han estigmatizado y hasta se podría decir que han quedado vedadas como parte de las prácticas aceptables de un "Buen Líder". Esto ha provocado la idea de que aplicar acciones disciplinarias sea inadecuado y que pongan de manifiesto la falta de capacidad del Líder hacia sus colaboradores.

Para muchos líderes el no poder aplicar una acción disciplinaria "a la antigua"; los ha dejado sin "armas" para ejercer su autoridad y lograr el cumplimiento de los colaboradores incumplidos o "rebeldes". Al verse desprotegidos y por el temor a ser calificados como agresivos, autoritarios o intolerantes; algunos líderes han caído en el extremo de la bondad.

Las personas que se encuentran en este extremo del Líder Blando, se limitan a si mismas y se niegan a percibir la verdadera naturaleza de la persona que desean liderar. Se obligan a confiar "por sobre todas las cosas" y a otorgar más de una "segunda oportunidad" a quienes no cumplen con las reglas establecidas bajo su liderazgo.

El resultado es que las personas incumplidas (claro que no hablamos de los que sí cumplen y no hay necesidad de establecer acciones correctivas) les "toman la medida"; ya que comprueban que "perro que ladra no muerde"; pues saben por experiencia, que "la tercera y la vencida" nunca llegará.

El Líder Blando es una persona bien intencionada; cree y confía en *todas* las personas, y ahí es precisamente, en donde radica el problema: *No todas las personas son iguales*. Otorga los mismos beneficios a una persona cumplida que a la que no lo es. Permite la misma tolerancia a quienes hacen más de lo que se espera, que a los que hacen lo mínimo necesario. Premian por igual al productivo, positivo y constructivo; que al ineficiente, negativo y que destruye lo que otros crearon.

En los casos más extremos, el Líder Blando ejerce más autoridad y disciplina con quienes cumplen y se ajustan a lo que les pide; que a aquellos que no lo hacen. Se presentan casos en los que los Líderes Blandos acatan obedientemente las órdenes que un colaborador agresivo les exige.

Sea por miedo, amor, o falta de carácter; el extremo del Líder Blando es un peligroso detonador de indolencia, rebeldía y falta de productividad en cualquier organización. Son semilleros de agresiones y abuso hacia los que sí cumplen; los cuales de hecho, día a día serán menos, ya sea porque deciden abandonar la organización, o porque aprenden a comportarse como los incumplidos (esto sucede a menudo en las familias en donde un@ de l@s hij@s adopta estos comportamientos).

Al final, el Líder Blando, se queda sin el respeto de los colaboradores cumplidos, y con el abuso de los incumplidos. Un escenario que no se le desea "ni a las peores familias".

El extremo del Líder Duro

En el extremo contrario, tenemos a las personas que ejercen el liderazgo como en la "época de las cavernas", quienes aplican la "ley de la selva" y quienes su herramienta principal es el abuso del poder. Personas cuya arma preferida es el *Miedo*, ejercido a través de la agresión directa o indirecta; física o psicológica. Esta forma de actuar proviene de la ignorancia: *No se necesita estudiar para ser un Líder Duro.*

Este estilo de liderazgo es común en personas de baja autoestima y que normalmente están a la defensiva. Se sienten "solos contra el mundo". Mantienen los misiles alerta y la espada desenvainada. Su agresividad normalmente es una capa protectora de sus debilidades, reales o imaginarias, y que mantiene en secreto sólo para él mismo o para las personas más allegadas.

En este estilo de liderazgo convergen los extremos de muchos de los equilibrios mencionados en este trabajo. Revisa los extremos del lado derecho de los modelos de los equilibrios de excelencia y encontrarás características, comportamientos y consecuencias comunes en este estilo de liderazgo.

En algún lado leí la frase: *"Si quieres que una persona deje de pensar, ordénaselo"*. Esta frase refleja de manera precisa las consecuencias en las personas que rodean a los líderes duros. Se abstienen de opinar, proponer, aportar. En el camino al lado de este tipo de líder, han aprendido que hay que hacer lo que se les ordena y callar. Hacen lo que se les exige; ya que de no hacerlo sufrirán las consecuencias.

El Líder Duro es intolerante y no perdona, en ocasiones incluso no olvida; así que es casi imposible que otorgue segundas oportunidades. Una vez que alguien ha cometido un error, lo etiquetará de por vida, negándole la posibilidad de demostrar su aprendizaje.

Las personas cercanas a los Líderes Duros, son especialmente elegidas, a los cuales se les exigirá la máxima lealtad. Si bien son medidos con la misma tijera que los demás; cuando cometen algún error podrán "pagarlo" con mayor obediencia y aceptar exigencias de mayor compromiso y abnegación.

Debo decir que el estilo del Líder Duro, es muy común en entornos en los que el síndrome de víctimas es generalizado (extremo de Permanecer). Las personas delegan cómodamente la responsabilidad de sus destinos en el Líder Duro; quien a su vez se fortalece y la asume gustoso. En casos aún más extremos se encuentran los dictadores y una gran cantidad de líderes religiosos.

Una de las razones por las que el estilo de Líder Duro se mantiene vigente, es por la velocidad de reacción que los grupos tienen bajo este tipo de liderazgo. No hay negociación, lluvia de ideas o consensos que lograr; simplemente se ejecuta lo que el líder dicta. Las limitaciones giran en torno a la capacidad del líder mismo. Es por ello que cuando las organizaciones crecen, este tipo de líder pierde su efectividad.

El tiempo es otro de los enemigos de este estilo de liderazgo, a medida que la edad "pesa" sobre el Líder Duro, su fuerza disminuye; lo cual deja espacio para que otro asuma el liderazgo. La transición normalmente es dolorosa y hasta trágica, ya que por lo general el Líder Duro se niega a dejar su lugar al nuevo líder.

Al final, el Líder Duro se queda sólo; aunque se dan muchos casos que conservan cierto poder que atrae gente a su alrededor; pero será conveniencia e interés lo que los mantenga a su lado.

Los Beneficios del Equilibrio entre el liderazgo Blando y el Duro

Cómo ya conoces, en el modelo del equilibrio, se señalan los extremos de cada estilo o condición. El objetivo es representar las consecuencias de los extremos y las ventajas de mantenerse en la zona de equilibrio, la cual es en donde el beneficio y desempeño de excelencia es factible de alcanzar. Así pues, a continuación los beneficios de alcanzar el equilibrio entre el liderazgo Blando y el Duro:

Facilitador de la Productividad. Esta es la esencia del equilibrio entre estos dos estilos de líderes. Cuando el líder logra que sus colaboradores sean productivos, se puede decir que "ha hecho la tarea". Lo anterior también aplica a los padres de familia. Una persona productiva no depende de las condiciones que le rodean; las asume y busca con ellas alcanzar una relación positiva y constructiva ¿Qué padre o madre no sueña con que sus hij@s sean personas independientes, positivas y productivas? Seguramente, de lograrlo, tendrán más posibilidades de ser felices. El líder en equilibrio facilita el camino para que los demás generen resultados. Se mantiene atento al desempeño y proporciona los recursos para que las cosas sucedan. Su objetivo es que las personas a las que lidera "brillen con luz propia"; ya que su luz estará enfocada hacia él mismo. Es un "tramoyista" que se encarga de que el escenario sea perfecto para que los resultados sean dignos de aplauso y admiración.

Orienta y Conduce: En la esencia de los textos acerca de liderazgo, estos son los elementos fundamentales que hacen al líder. El líder equilibrado tendrá la capacidad de "ver más allá de lo evidente"; por esa razón podrá guiar a sus colaboradores (o a sus hij@s) a cumplir con sus objetivos y alcanzar grandes logros. El equilibrio le permitirá dar los espacios para que las cosas se realicen en tiempo y forma. Corregirá el rumbo cuando se requiera y anticipará los obstáculos. Es un "timonel" y un "vigía"; aunque no necesariamente sea él quien está en el timón o en el punto más alto. Utiliza la brújula, o el GPS, con maestría; está atento a los cambios del entorno y se anticipa a las "tormentas" que se avecinen.

Comunica, Enseña y Apoya: El líder en equilibrio será capaz de desarrollar nuevos líderes. Su comportamiento, forma de expresión y acciones cotidianas y naturales, sirven de modelo para sus seguidores. Reconoce que SIEMPRE está en la "vitrina", en el "pódium"; asume sin pretensiones egoístas su papel de líder, ni se queja de "la carga" que implica serlo; por eso, para los demás es un atractivo y lo adoptan como modelo a seguir. Comparte su conocimiento y experiencia sin reservas. Advierte de los riesgos; evita las tragedias, y permite los "tropezones" para que sus colaboradores (hij@s) aprendan de la propia experiencia, sin poner en riesgo su integridad y seguridad. Reconoce sus limitaciones y fomenta que lo superen. Facilita los medios para que otros aprendan lo que él mismo desconoce. Se asegura de que la aplicación de lo aprendido se realice con honestidad y profesionalismo. Retroalimenta el mal desempeño de manera oportuna y respetuosa, protegiendo la autoestima de los demás y construyendo un compromiso que asegure la mejora en el corto plazo, dejando muy en claro las consecuencias del incumplimiento. Se mantiene atento a las contribuciones y buenas acciones de sus colaboradores (hij@s), reconoce y, si lo considera propicio, premia el desempeño; cuidando siempre de evitar que se genere un entorno de "pago por evento" y más bien enfocado en el fortalecimiento de la seguridad y auto confianza del otro.

El Líder equilibrado es causa y efecto de la práctica de los Equilibrios de Excelencia:

- La práctica de los Equilibrios de Excelencia, sin lugar a dudas, te proyectará y te permitirán posicionarte como líder.
- Ser líder, te compromete a practicar los Equilibrios de Excelencia.

Asumir el papel de líder equilibrado, implica un compromiso personal con la vida y quienes te rodean, con tu familia y con tu organización. Habrá restricciones, es cierto; pero las satisfacciones son maravillosas.

El ejemplo y la congruencia en *TODOS* los ámbitos en los que te desenvuelves serán fundamentales. Un colaborador (o hij@) no puede separar a la persona de manera "situacional". Aquí algunos ejemplos:

> En una empresa de manufactura el gerente de producción aceptó la invitación de un grupo de trabajadores para, al final de la jornada del viernes, reunirse en un bar cercano a las instalaciones de la empresa.
>
> El gerente era considerado como estricto y hasta duro; pero se le respetaba por su capacidad técnica y evidente inteligencia. Por su parte el gerente deseaba "suavizar" la relación con la gente y "acercarse" un poco más a ellos.

En el bar las cosas empezaron cordiales y hasta respetuosas; pero a medida que el alcohol afectó los ánimos, y cerebros, los trabajadores empezaron a realizar bromas acerca de la forma en que el gerente se comportaba en la empresa. El gerente "aguantó" durante algún tiempo las críticas y hasta brindaba por las ocurrencias de los trabajadores.

Al cabo de tres horas el gerente y un par de los trabajadores se encontraban realmente borrachos. Sin que se pudiera identificar con claridad un motivo específico, el gerente agredió a uno de los trabajadores; el trabajador, más fuerte y con más experiencias de pelea; respondió a la agresión y de inmediato tuvo al gerente en el piso. Los trabajadores más lúcidos los separaron y buscaron calmar los ánimos. El gerente, completamente falto de cordura; arremetió con todo el que se le acercaba, amenazó con despedirlos a todos y hasta con conseguir "quien les diera una lección".

Un par de trabajadores lo sacaron del bar y quisieron llevarlo a su casa en el auto de uno de ellos. Sin embargo, dada la agresividad del gerente lo dejaron recargado en la camioneta de éste. Ahí lo dejaron y se fueron a sus casas lamentando profundamente haberlo invitado.

Algunos trabajadores que habían presenciado el incidente laboraban el sábado; por lo que la noticia del incidente se propagó rápidamente por toda la organización. El trabajador que había propinado un par de golpes al gerente no se presentó a trabajar.

El lunes por la mañana, la responsable de recursos humanos habló con el gerente y lo convenció de realizar una reunión para que enfatizara que lo sucedido fuera de la empresa no afectaría su relación dentro de ella. Así se hizo; pero los trabajadores no creyeron en la sinceridad de las palabras expresadas por el gerente.

El trabajador, que había tirado al piso y dado un par de golpes al gerente; no regresó a la empresa a pesar de la insistencia vía telefónica y de la visita que la responsable de RRHH le hizo a su casa para entregarle un saldo económico al que tenía derecho. Era un trabajador con 8 años en la empresa y un experto en los procesos de la misma.

El gerente renunció a la empresa seis meses después; sus resultados habían desmerecido considerablemente y el grafiti en los baños indicaba que aquella noche en el bar no se olvidaría fácilmente. Volvió a empezar en otra empresa.

En una ocasión llevando a mis hijas a su escuela, me pasé un semáforo en rojo; fui detenido por un agente de vialidad, el cual me solicitó mis papeles. Durante la comunicación me preguntó al menos cuatro veces "¿cómo le hacemos jefe?", a lo que yo respondí en cada ocasión "haga lo que debe de hacer". Me regresó mis papeles y me recomendó mayor precaución.

Mi hija mayor, que en aquel entonces tenía alrededor de 6 años, me preguntó que porqué, si yo era el "jefe" de esa persona ¿porqué no le había dicho lo que tenía que hacer? Mi respuesta fue que se lo había dicho, pero que no me había hecho caso.

Años más tarde escuché a mi hija contar la anécdota a sus amigas y concluía diciendo "Yo creo que el policía quería dinero, pero mi papá no se lo dio".

Es muy común que esperemos que nuestros colaboradores o hij@s sean mejores que nosotros; sin esforzarnos por mejorar nosotros mismos y demostrarles que sí es posible. El líder en equilibrio es consciente de esto y se mantiene alerta para aprovechar cualquier oportunidad para mejorar él mismo, apoyar a los demás y contribuir a la mejora de su familia y organización.

Sé que es todo un reto, pero sí es posible y, como cualquier equilibrio, depende solamente de ti.

¿Por qué no Diez?

Seguramente este trabajo te ha hecho pensar en otros equilibrios que hacen falta considerar e incluir, y tienes razón. Sin embargo, como lo mencioné al principio, no era mi intención desarrollar un compendio absoluto de los equilibrios que te pueden llevar a la excelencia. Definir un "decálogo" genera la idea de que no hay más que agregar, y nada es más lejano de la realidad.

Preferí enfocarme en estos nueve, no solamente porque éstos han sido los que me han permitido disfrutar día a día cada uno de los roles de vida; sino para que seas tú quien aporte el décimo que haga sentido para ti, para tus experiencias, tus metas y objetivos, tus condiciones, en dos palabras: tu realidad.

De mi parte espero haber cumplido con hacerte reflexionar en los equilibrios de excelencia mencionados en el libro, haber generado ideas de aplicación y referencia con las experiencias compartidas, y, por último; que el modelo de representación de los equilibrios te sirva para construir ése que a mí me hizo falta incluir en este documento.

Completa el modelo con los extremos que te permitirán alcanzar el equilibrio para la excelencia:

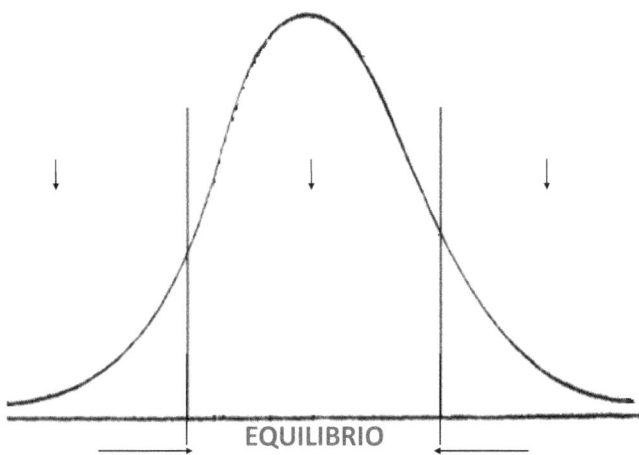

Si deseas compartirlo conmigo y a su vez me permitas publicarlo en los blogs COVIRE; envíame tu modelo y tus experiencias a daniel.romo@covire.org.

www.ingramcontent.com/pod-product-compliance
Lightning Source LLC
Chambersburg PA
CBHW070234180526
45158CB00001BA/493